GODDESS GIRLS series:#14 IRIS THE COLORFUL by Joan Holub & Suzanne Williams
Copyright © 2014 by Joan Holub & Suzanne Williams
All rights reserved.
This Korean edition was published by RH Korea Co., Ltd. in 2017 by arrangement with Joan Holub & Suzanne Williams c/o EDEN STREET LLC through KCC(Korea Copyright Center Inc.), Seoul.

이 책은 (주)한국저작권센터(KCC)를 통한 저작권자와의 독점 계약으로 (주)알에이치코리아에서 출간되었습니다.
저작권법에 의해 한국 내에서 보호를 받는 저작물이므로 무단 전재와 복제를 금합니다.

올림포스 여신스쿨

14 이리스의 무지개

조앤 호럽, 수잰 윌리엄스 글 · 권미선 그림 · 김경희 옮김

주니어 RHK

엄청나게 멋진 독자 여러분, 고마워요!

사브리나 E., 소피아 E., 엠마 H., 매케이 O., 리즈 O., 제이든 B., 태일린 C.,
매디슨 M., 이사벨라 K., 카산드라 B., 미셸 J., 레이철 D., 올리비아 H., 세라 S.,
로라 N., 스카우트 L., 소피아 W., 올리비아 S., 사라 S., 메건 D., 샬럿 D.,
케일리 S., 나니 P., 칼리 P., 제니 C., 클레어 K., 로렐라이 M., 카리스 C.,
브리아나 W., 제이미 AK., 소피아 G., 헤일리 M., 매켄지 Z., 엠마 J., 아리엘 C.,
이든 O., 엘라 S., 레아 S., 카일라 S., 매디슨 W., 시드니 G., 티파니 N.,
매디슨 W., 애나 F., 미셸라 P., 케이틀린 R., 애비 G., 맬러리 G.와 힐러리 G.,
어맨다 W., 어맨다 S., 사브리나 S., 리아나, 호프 F., 지아나 B., 레이철 U., 메건 B.,
테일러 H., 애슐리 C., 안드레아드 가족과 올버 C., 예세니아 O., 레이븐 G.,
알렉산드라 E.S., 제니퍼 T., 시드니 G., 헤일리 G., 에밀리 M., 미셸 S., 칸야 S.,
크리스틴 D-H., 카리나 L., 카일리 L., 미카일라 S., 저스틴 Y., 제시 F.,
크리스틴 F., 멜리사 G., 세라 S., 사브리나 P., 미카엘라 P., 앤 H., 하츠네 M.,
카이라 H., 토니 G., 비비언 Z., 그레이시 D., 리안나 L., 에이프릴 L., 이자벨 K.,
프리스카 M., 릴리 앤 S., 에밀리 B., 에린 K., 밸러리 L., 스테파니 V., 멜라니 C.,
안다라 R., 제니퍼 R., 케이티 M., 로라 D.P., 박인서
그리고 지금 이 책을 보고 있는 바로 당신

— 조앤 호럽, 수잰 윌리엄스

차례

1. 무지개 • 09
2. 바람의 신 • 38
3. 특별 임무 • 68
4. 웹 웨이브 • 85
5. 헝그리 헝그리 하피 카페 • 105
6. 나도 쟤 애가 좋아! • 134

7 지하 세계로 • 151

8 주전자 도둑 • 175

9 비밀스런 연인 • 204

10 괴물 타폰 • 231

11 무지개의 여신 아리스 • 262

1 무지개

"무지개 한번 날려 볼까?"

이리스가 소리쳤다. 이리스는 연보라색 두 눈을 가늘게 뜨며 창을 던지듯 팔을 뒤로 한껏 젖혔다.

이리스의 단짝이며 화환의 여신이기도 한 안테이아가 고개를 휙 돌리더니 기대에 부풀어 하늘을 올려다보았다. 날씨 화창하고 기분도 좋은 일요일 오후, 이리스와 안테이아는 올림포스 학교 운동장에 나와 있었다.

디리리링!

이리스가 손에 들고 있던 것을 하늘 높이 던져 올리자 하프 현을 뜯는 듯한 소리가 울려 퍼졌다. 그런데 이리스의 손에서 날아오른 것은 창이 아니라 빛을 흩뿌리며 날아가는 마법 공이었다! 마법 공은 알록달록한 리본처럼 생긴 빛줄기를 끌며 높이 날아올랐다. 하늘에 닿은 마법 공이 곧바로 구부러지며 동그란 고리를 이루더니 이어 눈부신 빛깔의 꽃다발 모양으로 변했다.

운동장에 나와 있던 아이들이 하늘을 올려다보고서 이리스의 작품을 가리키며 빙그레 웃었다. 안테이아는 좋아서 박수를 짝짝 치고 폴짝폴짝 뛰기까지 했다. 덩달아 긴 갈색 머리 위에 왕관처럼 쓰고 있던, 고사리 잎과 산딸기를 엮어 만든 화관이 옆으로 비스듬히 흘러내렸다. 안테이아는 화관을 다시 고쳐 쓰며 이리스를 재촉했다.

"진짜 멋졌어! 다른 것도 만들어 봐."

"좋아."

친구의 응원을 받자 이리스가 발그레해졌다. 말 그대로 이리스의 머리칼이 산호색부터 형광 분홍색, 자홍색까지 온갖 분홍색으로 변하고 있었다. 이리스의 머리칼은 입고 있는 옷 색깔에 맞춰서, 기분에 따라, 혹은 별 이유 없이 색깔이 바뀌었다. 지금도 이리스가 마법 공을 던져 어떤 모양을 만들어 볼까 하고 운동장을 둘러보는 사이 빨강, 주황, 노랑, 초록, 파랑, 남색, 보라색 그리고 사이사이를 부드럽게 잇는 중간색까지 무지개를 이루는 온갖 색으로 바뀌고 있었다.

"흐으음. 뭘 만들어 볼까?"

이리스는 혼자 중얼거리며 길게 물결치는 머리칼을 귀 뒤로 넘겼다. 운동장에 산들바람이 살랑살랑 불어오자 이리스의 등에 달린, 작고 반짝이는 분홍 날개가 팔랑팔랑 따라 움직였다.

문득 이리스는 외야석 근처에서 연습을 하고 있던 가디스 걸스 응원단을 보았다. 아테나, 페르세포네, 아프로디테, 아르테미스가 새로 만든 응원 안무를 연습하고 있었다. 올림포스 학교에는 다양한 불멸의 존재들이 다니는데, 하나같이 아름답고, 잘생기고, 멋지고, 강력한 능력을 지닌 데다가, 몸에서 은은하게 빛이 났다. 그중에서도 올림포스 학교 여학생들을 통틀어 가장 인기 있는 아이들이 바로 그 넷이었다.

아테나는 지혜와 발명의 여신이고, 페르세포네는 꽃의 여신, 아프로디테는 사랑과 미의 여신이며, 아르테미스는 활쏘기 명사수이며 사냥의 여신이었다. 한편 이리스의 단짝인 안테이아도 화관의 여신이었다.

'다들 좋겠다!'

올림포스 학교 학생 중, 불멸의 존재는 거의 모두 무엇의 신이나 여신이라는 칭호를 가지고 있었다. 이리스도 소녀 신이기는 했지만 아직 공식적으로 어떤 일을 맡고 있지 않았다.

'내가 너무 초라하게 느껴져. 난 무지개를 사랑하고 잘 만들잖아. 이런 특별한 재능을 제우스 교장 선생님이 알아보고 날 공식적으로 무지개의 여신이라 칭해 주시면 좋을 텐데!'

이리스는 어떻게든 그 소망을 이루고 싶었다. 그래서 오늘 아침에도 이렇게 운동장에 나와 여러 모양의 무지개를 만들어 보는 연습을 하고 있었다.

이리스는 자세를 고쳐 잡고서 팔을 힘껏 휘둘렀다.

디리리링!

새로운 마법 공이 알록달록한 빛줄기를 그리며 하늘 높이 솟아올랐다. 곧이어 마법 공이 크게 포물선을 그리더니 파란색과 황금색의 커다란 글자 모양을 이루었다. 하늘에 '올림포스 학교'란 글자가 반짝반짝 빛나고, 글자 주위에 파란색과 황금색의 폼폼이 나타나서 탈랑탈랑 흔들렸다.

아프로디테가 가장 먼저 하늘 위의 글자와 폼폼을 발견하고서 친구들에게 손짓을 했다. 네 소녀 신은 방긋 웃으며 손을 흔들어 이리스에게 고맙다는 인사를 건넸다.

"이리스, 너 부쩍 실력이 느는 것 같아."

안테이아가 말을 꺼냈다.

"제우스 교장 선생님께서 네 능력을 보시면 틀림없이 감탄하실 거야. 내가 장담할게!"

"그럴까?"

이리스는 머뭇거리며 말을 이었다.

"나도 교장 선생님께 내 무지개를 멋지게 선보이고 싶어. 하지만 교장 선생님께 인정받으려면 무지개로 뭔가 가치 있고 쓸모 있는 일을 해야 하지 않을까? 내가 무지개의 여신이 될 자격이 있다는 걸 증명할 수 있게 말이야. 네 화관만 봐도 그렇잖아. 예쁘기도 하지만 쓰임새가 많은걸. 여러 행사에 쓰이고, 올림픽 때 상으로 주어지기도 하니까 말이야."

"무지개로 음악을 만들 수 없을까? 아니면 적과 싸울 때 무기로 쓰는 건 어때?"

안테이아의 제안에 이리스가 고개를 갸웃하며 대답했다.

"사실 난 무지개를 이동 수단으로 이용해 볼까 생각 중이야. 가까운 곳은 물론이고, 먼 곳으로도 갈 수 있는 기다란 미끄럼틀 같은 거 말이야. 어때, 재미있을 것 같지?"

"응!"

안테이아가 눈을 동그랗게 뜨며 대답했다.

"네 말대로라면 정말 근사할 것 같아. 그런데 누가 올라탄 채로 이동할 수 있을 만큼 튼튼하고 긴 무지개를 만들 수 있어?"

"연습 중이야."

한편 이리스의 무지개 품품을 구경하던 가디스 걸스 응원단은 머리를 마주 대고 뭔가를 의논하다가 다시 흩어졌다. 이어 네 여신은 무지개를 만들어 준 이리스에게 고마움을 전하기 위에 만든 즉석 응원을 펼쳐 보였다.

이리스의 무지개가 솟아오르네!
모두들 무지개를 사랑한다네!
우리 마음도 함께 따라 물드니까,
알록달록 이리스, 최고의 여신!

이리스는 활짝 웃으며 손을 흔들었다. 안테이아도 까르르 웃음을 터뜨리며 손을 흔들어 인사했다.

"이리스, 행운의 표시로 삼지창 무지개를 만들어 줘!"

한 남학생이 소리쳤다. 바다의 신 포세이돈이었다. 포세이돈이 치켜든 삼지창은 멋들어지게 생겼지만 사실 쇠스랑과 비슷하게 생긴 물건으로 늘 바닷물이 뚝뚝 흘러내렸다. 포세이돈은 아레스라는 소년 신과 함께 운동장 한쪽 끝에 서서 누가 가장 창을 멀리 던지는지 경쟁하고 있었다. 이리스가 지켜보는 사이, 아레스가 던진 창이 운동장 반을 훌쩍 넘기고서 땅에 내리꽂혔다. 대번에 주위에 모여 있던 남학생들이 와 하고 함성을 지르며 아레스와 포세이돈을 응원했다.

이리스는 얼른 마법을 써서 포세이돈을 위해 삼지창 모양 무지개를, 아레스를 위해 투창 모양 무지개를 만들었다. 이내 아이들의 요청이 우르르 쏟아졌다. 이리스는 계속 무지개를 만들어 운동장 곳곳에서 펼쳐지는 각종 운동 경기를 나타내 보였다. 새로운 모양의 무지개가 하늘 위에 그려질 때마다 아이들은 와 하고 함성을 지르며 박수를 쳤다.

이리스가 하늘에 활과 화살 모양의 무지개를 만들어 보이자 한 남학생이 소리쳤다.

"멋진데!"

까만 머리칼과 눈동자를 가진 아폴론이었다. 아폴론은 평소 쌍둥이 누나 아르테미스와 함께 활쏘기 연습을 하는데 오늘은 아르

테미스가 응원 연습을 해야 해서 또 다른 활쏘기 명수 에로스와 함께 연습하던 중이었다.

　황금 날개를 가진 에로스가 저 멀리 과녁에 시선을 고정한 채 활시위를 팽팽히 당겼다. 에로스가 활시위를 놓자 화살이 피웅! 하며 곧장 과녁 한가운데를 향해 날아갔다.

　아폴론이 에로스의 활쏘기 솜씨에 감탄하여 허공을 향해 주먹을 치켜세웠다. 이리스와 안테이아는 그런 아폴론의 모습을 지켜보고 있었다. 그때 아폴론이 에로스에게 뭐라고 말하더니 두 소녀 쪽으로 뛰어오기 시작했다. 아폴론의 손에는 돌돌 말린 파피루스 한 장이 쥐어 있었다.

　이리스는 안테이아가 좋아서 어쩔 줄 몰라 하는 것이 느껴졌다. 안테이아의 두 볼이 발갛게 물드는 것도 보았다. 안테이아의 얼굴이 빨개지는 건 모두가 훤히 볼 수 있지만, 안테이아 주위의 공기가 연한 장밋빛으로 변하고 있는 건 오직 이리스만 볼 수 있었다. 이렇게 온몸에서 뿜어져 나오는 후광 같은 걸 오라라고 하는데, 이리스는 태어날 때부터 오라를 볼 수 있었다. 사람들을 둘러싸고 있는 다양한 색깔의 오라는 그 사람의 감정이나 기분을 나타냈다. 여러 해에 걸쳐 연습한 끝에 이리스는 오라가 띠는 각 색깔이 무엇을 뜻하는지 알게 되었다. 예를 들어진한 빨간색은 부끄러움을 나타냈고, 안테이아 주위의 공기처럼 연한 장밋빛을 띠면 상대를 좋아하고 있다는 뜻이었다.

'오, 이런!'

이리스는 아프로디테처럼 누가 누구를 좋아하는지 직감적으로 알지는 못했다. 그러나 이 '특별한' 색의 오라가 무엇을 뜻하는지 만큼은 분명히 알고 있었다. 이건 불행히도 안테이아가 아직도 아폴론의 여자 친구가 되겠다는 꿈을 버리지 못했다는 뜻이었다.

"이리스, 이 두루마리 편지에 장식 좀 해 주지 않을래?"

아폴론이 두 소녀 곁에 다가오며 물었다.

"네가 장식을 잘한다고 아르테미스가 그러더라. 이 편지지에 색을 좀 더 넣었으면 하거든."

갑작스러운 부탁이었지만 이리스는 전혀 놀라지 않았다. 올림포스 학교 학생들은 종종 이리스한테 편지지 가장자리에 멋진 장식을 그려 달라고 부탁했다. 이따금씩 페이스페인팅을 해 달라고 부탁하는 아이도 있었다. 실력 있는 화가라고 할 정도는 아니라도 색을 다루는 이리스의 재능은 장식 면에서도 빛을 발했다. 이리스는 사물함, 기숙사 방 벽, 게시판을 알록달록하게 장식했고, 아이들이 수업 시간에 돌리는 비밀 쪽지나 다른 아이의 사물함에 남몰래 남겨 놓는 쪽지도 꾸며 주었다.

이리스가 슬쩍 안테이아를 쳐다보았다.

'이 편지의 주인은 분명히 카산드라일 텐데. 안테이아도 그 사실을 눈치챘을까?'

카산드라네 가족은 불멸 쇼핑센터에서 오라클 오 제과점을 운영하고 있었다. 불멸 쇼핑센터는 올림포스 산 아래에 자리하고 있는데 최신 그리스 패션부터, 털실, 화장품, 번개까지 온갖 물건을 파는 가게들이 가득했다. 카산드라는 가족과 함께 불멸 쇼핑센터에 있는 가게 이 층에서 살고 있었다.

"아폴론 오빠, 안녕."

안테이아가 갑자기 끼어들었다. 희망에 부풀어서인지 목소리가 평소보다 한층 높았다.

이리스는 속으로 끙 하고 신음을 뱉었다.

'얘는 도무지 포기할 생각이 없나 봐!'

안테이아는 아폴론과 사귀겠다는 꿈이 이미 물 건너갔음을 도통 받아들이지 못하는 것 같았다. 아폴론이 카산드라를 좋아한다는 건 모두가 아는 사실이었지만 안테이아는 여전히 상황이 달라질지도 모른다는 기대를 놓지 않았다.

"아, 안녕, 안테이아."

아폴론이 어쩐지 불편한 눈치를 보이며 대답했다. 이리스는 아폴론의 오라가 연두색으로 변하는 걸 보고서 아폴론의 속마음을 알아차렸다. 아폴론은 안테이아가 자기를 짝사랑하고 있다는 것을 알고 있었지만 자신은 사귈 마음이 없다는 말을 차마 하지 못하고 있었다. 남자아이들은 운동이나 전투에서는 강인하고 단도직입적인 태도를 보이지만 누군가를 좋아하고 사귀는 문제는 늘 불편해 하며 피하려고만 했다.

"음, 아프로디테 언니한테 부탁하는 게 낫지 않을까요?"

이리스가 아폴론에게 제안했다.

"하트 모양같은 걸로 말이에요. 아프로디테 언니는 사랑의 여신이니까."

이리스 생각에는 자신이 편지지를 받아들지 않으면 아폴론이 금방 자리를 뜰 테니 안테이아도 마음을 진정시킬 수 있을 것 같았다.

'가여운 안테이아.'

이리스는 안테이아에게 아폴론을 짝사랑해 봐야 아무 소용없다고 여러 차례 귀띔하려 했다. 그러나 안테이아는 도무지 이리스의 말을 받아들이지 않았다. 결국 이리스는 단짝이 불운한 짝사랑을 끝낼 수 있게 일을 꾸몄다. 이리스는 이따금씩 잘생겼다거나 성격이 좋다는 이유를 대며 다른 남자아이들의 이야기를 일부러 꺼냈다. 혹시 안테이아가 관심을 돌릴까 해서였다.

"아, 아프로디테는 지금 응원 연습하느라 바쁘잖아. 그리고 내가 좀 급하거든. 이 두루마리 편지를 음……, 어떤 애한테 얼른 보내야 해서 말이야."

아폴론이 대답했다. 그러자 옆에 서 있던 안테이아의 얼굴이 순간 확 밝아졌다.

'오, 신이시여!'

이리스는 속으로 끙 신음을 뱉었다.

'설마 안테이아는 아폴론 오빠가 자기한테 편지를 보낼 거라고 기대하는 걸까? 이러면 곤란한데!'

"곧 헤르메스 님이 올 거야."

아폴론이 하늘을 살펴보았다. 올림포스 학교에 매일 한 차례 소포와 편지를 배달하러 오는 택배 전차가 보일까 해서였다.

"헤르메스 님이 불멸 쇼핑센터에 갈 때 내 편지를 전해 줬으면 하거든."

아폴론은 잠깐 머뭇머뭇 하더니 안테이아를 머쓱하게 쳐다보며 말을 덧붙였다.

"카산드라한테 보내는 편지라서 말이야."

안테이아는 곧바로 풀이 확 죽었다. 마치 아폴론이 안테이아의 희망을 화살로 쏘아 떨어뜨려 버리기라도 한 듯했다.

'안테이아는 아폴론 오빠가 자기한테 편지를 보낼 거라고 믿고 있었구나. 이제 그만 정신 차려야 할 텐데.'

이리스도 무언가를 간절히 바라는 마음이 어떤 것인지 잘 알고 있었다. 그리고 무지개의 여신이 되고 싶다는 자신의 꿈도 안테이아의 짝사랑처럼 뭉개지지 않기를 진심으로 바랐다.

이리스는 고집 센 아폴론이 이대로 포기하지 않으리란 걸 알고서 결국 부탁을 들어주기로 했다.

"알았어요. 장식해 줄게요."

이리스가 편지지를 받아 들고 응원단이 연습하고 있는 외야석 쪽으로 가자, 안테이아와 아폴론이 뒤를 졸졸 따랐다. 잠시 후 이리스는 외야석에 놓아둔 가방에서 펜 세트를 꺼냈다. 만일을 대비해 여러 자루의 펜에 다양한 색깔의 잉크를 늘 채워서 다니기 때문이었다. 이리스는 그중에서 하늘색, 형광 분홍색, 형광 연두색 펜을 골랐다. 그런 다음 서둘러 두루마리 편지지를 외야석 의자 위에 거꾸로 쫙 펼쳤다. 혹시라도 누군가가 두루마리 반대쪽에 씌어 있는 개인적인 이야기를 읽지 못하게 하기 위해서였다. 이어서 이리스는 세 가지 색깔 펜을 한꺼번에 쥐고 편지지 가장자리에 예쁜 선을 그렸다. 그리고 무지개, 활과 화살, 소용돌이 모양 장식을 더했다.

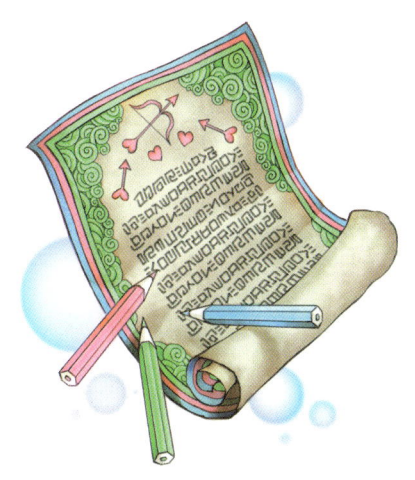

잠시 후 이리스는 아폴론을 힐끗 쳐다보았다. 아폴론은 내내 이리스의 솜씨에 감탄하고 있었다.

"두루마리 편지지 뒤에 카산드라 언니의 이름도 써 줄까요?"

이리스는 아폴론을 얼른 돌려보내고 싶어 서두르고 있었지만 한편으로는 부탁 받은 일을 제대로 해내고 싶었다.

아폴론이 신이 나서 고개를 끄덕였다.

"그럼 엄청나게 근사할 것 같아!"

아폴론은 이리스가 카산드라의 이름을 멋지게 쓰고 장식하는 모습을 지켜보았다. 그리고 안테이아는 그런 아폴론을 넋을 놓고 쳐다보았다.

안테이아의 시선을 느꼈는지 문득 아폴론이 안테이아를 바라보며 말을 건넸다.

"날씨 좋지?"

안테이아는 얼굴이 빨개져서 대답했다.

"음, 응. 일요일 치고는."

둘의 대화를 듣던 이리스가 속으로 중얼거렸다.

'그게 무슨 앞뒤 안 맞는 소리야.'

하지만 안테이아는 짝사랑에 빠져 허우적거리느라 그 사실을 전혀 알아차리지 못하는 것 같았다. 그나마 아폴론과 대화를 나눌 기회마저도 곧 사라져버렸다. 파마가 마치 허공에서 뿅 하고 나타나기라도 한 듯 갑자기 옆에 다가왔기 때문이었다.

파마는 땅에서 몇 센티미터 위에 붕 떠 있다가 작고 반짝이는 날개를 접고 땅에 내려섰다. 이리스는 태어날 때부터 날개가 있었지만 파마는 얼마 전 무시무시한 재난이 벌어졌을 때 영웅적인 면모를 보여 제우스 교장 선생님한테서 날개를 선물 받았다. 날개는 파마가 늘 바르는 립글로스와 짧고 뾰족뾰족한 머리카락 색처럼 예쁜 주황색이었다. 이리스의 날개도 작고 귀여웠지만 파마의 날개와 달리 너무 연약해서 날 수 없었다. 무지개도 날개도 쓸모없는 장식용일 뿐이었다.

"왜 그래? 무슨 일 있어?"

파마가 땅에 내려서자마자 안테이아에게 물었다.

'앗, 이러면 곤란한데.'

이리스는 당황스러웠다. 안테이아가 아폴론을 넋 놓고 쳐다보는 걸 파마가 눈치챈 게 분명했다. 소문의 여신인 파마가 곁에 있을 때면 말이나 행동을 조심해야 했다.

'파마 언니는 뭐든 그냥 넘어가는 법이 없단 말이야. 게다가 파마 언니한테 뭔가를 이야기하는 건 온 학교에 대고 소리치는 거나 마찬가지인걸!'

안테이아가 갑자기 말문이 막힌 듯 아무 대답을 못하자 이리스가 냉큼 나섰다.

"아무 일 없어요."

"에이, 안테이아 얼굴이 빨개졌는데 뭐. 자자, 무슨 일이야?"

파마는 호기심이 철철 흐르는 눈으로 뭔가를 캐내려는 듯 안테이아의 얼굴을 빤히 살펴보았다. 늘 그렇듯이 파마가 입을 때자 구름 글자가 퐁퐁 솟아올랐다. 그 덕에 주변 아이들도 파마가 무슨 말을 하는지 알 수 있었다.

파마는 올림포스 학교 안에서 흥미로운 이야깃거리를 찾고, 소문이 될 만한 일이 없는지 여기저기 캐고 다니는 역할을 맡고 있었다. 동시에 인간과 불멸의 존재가 모두 즐겨 읽는 〈십대들의 두루마리〉 잡지에 '이 주의 소문'이란 기고란을 운영했다. 때문에 파마에게는 독자들이 혹할 만한 기삿거리가 늘 필요했다.

장식을 다 그린 이리스가 아폴론에게 두루마리 편지지를 건네주었다.

"완벽해!"

아폴론이 목청을 높이더니 싱글벙글 웃으며 이리스의 작품을 내려다보았다.

"뭐가 완벽하다는 거야?"

가디스 걸스 응원단이 잠시 휴식을 취하는 사이, 아르테미스가 다가와 아폴론에게 말을 걸었다. 아르테미스는 편지지에 씌어 있는 이름을 슬쩍 보더니 남동생을 놀리려는 듯 눈을 빙글빙글 굴려 보였다.

"아, 여자 친구가 좋아할 거라고?"

그러자 아폴론이 얼굴이 빨개져서 대꾸했다.

"그래서 뭐?"

"읽어 보고 싶은데!"

아르테미스가 장난치듯 손을 뻗자, 아폴론은 편지를 뺏기지 않으려고 머리 위로 높이 들어 올렸다. 이어 아폴론은 이리스에게 고맙다는 뜻의 미소를 보낸 뒤 안테이아한테도 얼른 벙긋 웃어 보였다.

"애들아, 그럼 또 보자!"

안테이아는 아폴론이 떠나는 모습을 보며 나직이 한숨을 폭 쉬었다. 이리스가 친구의 팔을 부드럽게 다독여 주었다.

사실 이리스도 한때 아폴론을 짝사랑했었다. 아폴론이 완벽한 짝으로 보였기 때문이다. 아폴론은 시를 쓰는데 이리스는 운율을 맞추고 문장을 아름답게 꾸미는 걸 잘하고, 아폴론은 날씨, 특히 태양에 관심이 많은데, 무지개를 만들려면 햇빛이 필요하니 말이다. 한동안 이리스는 아폴론과 자신이 천생연분이라고 여겼다. 그런데 어느 날 갑자기 안테이아가 이리스에게 아폴론을 좋아한다고 선언했다. 쉽지 않았지만 이리스는 결국 아폴론을 좋아하는 마음을 묻어 두기로 했다. 자신도 사실 아폴론을 짝사랑하고 있다는 말은 아예 꺼내지도 않았다.

이리스가 파마를 슬쩍 쳐다보았다. 파마는 이제 아르테미스를 붙잡고 새 응원 안무에 대한 질문 공세를 퍼붓고 있었다. 아폴론을 향한 이리스와 안테이아의 마음을 파마가 눈치채지 못해서 정말 다행이었다. 이리스가 4학년 때 난생처음으로 누군가를 짝사랑했던 일을 몰라서 더 다행이었다. 그 대상은 바로 포세이돈이었다.

올림포스 학교 여학생 중 많은 아이들이 한때 이 바다의 소년 신 때문에 가슴앓이를 했다. 그러나 포세이돈의 속마음이 무척

좁다는 걸 알게 되면서 다들 마음을 정리했다. 그러니 안테이아가 4학년 때, 이리스가 먼저 말을 꺼내기 '전에' 포세이돈을 좋아한다고 선언했던 것도 전혀 이상한 일은 아니었다. 그때도 이리스는 친구를 위해 뒤로 물러났다.

둘은 단짝이었고, 이리스의 생각에 단짝 사이에서 서로의 짝사랑 상대를 훔친다는 건 있을 수 없는 일이었다.

'그래도 번번이 서로 같은 남자아이를 좋아하지는 않았으면 좋겠어!'

최근 짝사랑 대상이었던 아폴론의 경우, 이리스는 시간이 지나면서 아폴론이 자신과 달리 기상 과학이나 마법, 색채 보다는 운동과 예언에 더 관심이 많다는 걸 알게 되었다. 사실 둘은 공통점이 그다지 많지 않았던 것이다. 그리고 안테이아한테는 안 된 일이지만, 불멸 쇼핑센터에 회전목마를 만드는 동안 아폴론은 카산드라를 좋아하게 되었다.

"어이!"

아폴론이 활쏘기 연습장을 향해 반쯤 걸어가다가 갑자기 고함을 질렀다. 이리스가 돌아보니 세찬 바람이 불어와 아폴론의 손에서 두루마리 편지를 낚아채 가고 있었다. 편지가 빙글빙글 돌며 3미터 정도 날아오르더니 허공을 가로지르며 외야석 쪽으로 쌩 날아갔다.

"야!"

아폴론이 다시 소리를 질렀다. 아폴론은 곧바로 편지를 쫓아 이리스와 다른 여자아이들이 서 있는 쪽으로 달려왔다. 아폴론은 외야석 계단을 한 번에 두 칸씩 뛰어올라 편지를 잡으려고 했지만 순간 또 다른 바람이 불어와 편지를 멀리 날려 버렸다.

"우아! 바람이 점점 강해지는걸."

파마가 말했다. 아니나 다를까 운동장 주변의 나무들이 흔들리고, 땅에 떨어져 있던 낙엽들이 작은 회오리바람 속에서 빙글빙글 소용돌이치고 있었다. 심지어 아르테미스는 갑작스런 바람에 밀려 안테이아 쪽으로 휘청 넘어지고 말았다.

"맙소사! 장난이 아니네."

"어째서 이런 일이 일어나는 거지?"

이리스가 생각에 잠긴 채 중얼거렸다. 이어 이리스는 바람 때문에 헝클어진 머리카락을 쓸어 넘기고서 하늘을 올려다보았다. 혹시 헤르메스 택배 전차가 급강하 하고 있는 건지 확인하기 위해서였다. 예상했던 대로 헤르메스의 전차가 보였다. 그러나 전차는 조그만 점이 되어 하늘 저 멀리 사라지고 있었다. 이렇게 강한 바람을 만들어 내기에는 거리가 멀어도 너무 멀었다.

"젠장."

아폴론도 편지를 쫓아다니다가 잠시 멈춰 서서 하늘을 올려다보았다. 헤르메스 택배를 놓쳐서 실망한 티가 확 났다.

"어머나!"

아프로디테의 비명 소리에 이리스는 외야석 끄트머리로 눈길을 돌렸다. 아프로디테의 긴 금발이 바람 때문에 마구 헝클어져 있었다. 이어 바람이 또 한 차례 세차게 불어 닥치면서 아폴론의 편지가 이리스와 친구들이 서 있는 쪽으로 날아왔다. 편지가 바닥에 툭 떨어지자 아르테미스가 얼른 주워 들었다.

아폴론이 다시 계단을 한 번에 두 칸씩 성큼성큼 달려 내려오더니 아르테미스 앞에 섰다.

"쩝, 헤르메스 님을 놓쳐 버렸네. 제우스 교장 선생님이 오늘 도서관에서 시집 목록을 만들라고 지시하셨거든. 그러니 내가 직접 불멸 쇼핑센터에 가서 편지를 전해 줄 수도 없어."

아폴론은 두루마리 편지를 달라는 듯 아르테미스에게 손을 내밀었다. 그러자 아르테미스가 짓궂게 씩 웃더니 편지를 든 손을 한껏 뒤로 뺐었다.

"우리 활쏘기 연습은 어쩌려고?"

아르테미스가 한쪽 눈썹을 추켜올렸다.

"아, 미안한데 오늘 연습은 취소하면 안 될까? 교장 선생님한테 도서관 일을 오늘 안으로 마무리하겠다고 약속드렸어."

아폴론은 대답하는 도중에도 편지를 잡으려 했지만 아르테미스가 한발 더 빨랐다. 아르테미스는 이내 쌍둥이 동생이 불쌍해졌는지 고개를 끄덕이며 아폴론에게 편지를 건네주었다.

아폴론은 두루마리 끝으로 손바닥을 탁탁 치며 중얼거렸다.

"오늘 아침에 이 편지를 꼭 카산드라한테 전하고 싶었는데 말이야. 이건……."

아폴론은 파마가 옆에 서 있다는 걸 알아차리고 조개처럼 입을 꾹 다물었다.

"마법 바람을 불러서 전해 달라고 하면 되잖아?"

아르테미스가 아이디어를 내놓았다. 마법 바람은 산들바람 정도의 세기로 부는 바람인데 바람에 주문을 걸면 원하는 곳으로 편지를 배달할 수 있었다. 하지만 아주 중요한 문서나 편지, 혹은 무거운 소포 등의 배달은 보통 헤르메스가 담당했다.

아폴론이 대답하려는 찰나 안테이아가 불쑥 나섰다.

"마침 이리스랑 제가 불멸 쇼핑센터에 가려던 참이거든요. 우리가 대신 편지를 전해 줄게요."

대번에 아폴론의 얼굴이 환해졌다.

"정말? 그거 잘됐다. 얘들아, 고마워!"

아폴론은 가까이에 서 있던 이리스에게 편지를 내밀었다. 깜짝 놀란 이리스는 안테이아를 곁눈질하며 얼떨결에 편지를 받아 들었다. 이어 아폴론이 총총히 도서관으로 떠났다.

사실 이리스와 안테이아는 불멸 쇼핑센터에 갈 계획이 없었다. 오전에 운동장에서 시간을 보낸 뒤 학생 식당에서 점심을 먹고, 오후에는 4층 기숙사 방에서 느긋하게 쉬기로 했으니까.

'안테이아가 왜 그런 말을 한 걸까?'

이리스는 파마의 '참견거리 측정기'가 본격적으로 작동하고 있다는 걸 알아차렸다. 지금까지는 안테이아의 짝사랑이 파마한테 탄로 나지 않았지만 이대로는 위험했다. 이리스는 친구를 보호하고픈 마음에 앞으로도 파마가 그 사실에 대해 영영 알지 못하기를 바랐다.

이리스는 다른 사람의 비밀을 잘 지켰다. 때문에 파마가 단 2초도 견디지 못하고 남의 비밀을 누설해 버리는 걸 도무지 이해할 수 없었다. 그저 도저히 어찌할 수 없나 보다 하고 짐작할 뿐이었다. 페르세포네가 식물을 자라게 하는 거나, 아테나가 어려운 수학 문제를 척척 풀어 내는 것처럼 각자가 가진 재능을 발휘하는 거라고 말이다.

이리스는 파마의 관심을 흩트리려고 아폴론의 편지를 가방에 넣고 팔을 뒤로 휙 젖혔다. 그러고는 새로운 마법 공을 하늘 높이 던져 올렸다.

디리리링!

순식간에 아치형의 무지개가 하늘을 가로질러 펼쳐졌다. 새로 만든 무지개 길이가 어찌나 긴지 끝이 보이지 않을 지경이었다!

운동장 곳곳에서 "헉!" 하고 숨을 들이마시는 소리, 이어 "우아!" 하고 감탄하고 기뻐하는 함성 소리가 터져 나왔다. 이렇게 커다란 무지개를 만들어 낸 건 처음이라 이리스도 은근히 기분이 좋았다.

"우아! 인간 세상까지 닿을 만큼 길어."

신이 난 파마가 기사를 쓸 때 참고할 메모를 쓰기 시작했다.

"그래, 진짜 멋있어."

아르테미스도 고개를 끄덕이며 한마디 했다.

안테이아가 이리스 쪽으로 고개를 숙이더니 힘을 북돋아 주려는 듯이 속삭였다.

"파마 언니가 이야기를 퍼뜨려 줄 테니 교장 선생님도 분명 이 소식을 듣고 감탄하실 거야!"

이리스는 기회가 찾아올지도 모른다는 생각에 흥분해서 고개를 주억거렸다.

"적당한 기회가 오면 '그 문제'에 대해 여쭈어봐야지!"

이어 이리스는 목소리를 바꾸어서 지금 당장 제우스에게 물어보는 척을 했다.

"제우스 교장 선생님, 저를 무지개의 여신으로 임명해 주시면 안 될까요?"

말을 마치자마자 이리스는 안테이아와 함께 까르르 웃음을 터뜨렸다.

"지금 무지개 주스를 발명했다고 했니?"

파마가 불쑥 끼어들었다. 이리스의 말을 흘려듣고서 엉뚱한 생각을 하는 모양이었다.

안테이아가 이리스에게 찡긋 윙크를 하더니 파마에게 대답했다.

"그게 아니라 이리스는 저기 저 나무의 지지대를 고정해야겠다고 말했어요."

이어 안테이아는 바람에 세차게 흔들리고 있는 정원수를 가리켜 보였다. 그러고는 계속해서 파마에게 말을 걸며 관심을 다른 곳으로 돌렸다.

한편 이리스는 둘의 대화를 흘려들으며 손을 뻗어 방금 만들어 낸 무지개를 만져 보았다.

'이 무지개는 튼튼할까? 한번 올라타 볼까?'

"이게 누구 짓이냐?"

갑자기 우레 같은 고함 소리가 쩌렁쩌렁 울려 퍼졌다.

이리스는 깜짝 놀라 뒤로 펄쩍 물러났다. 운동장에 있던 나머지 아이들도 놀라서 움찔했다. 이윽고 모두들 소리가 난 곳을 찾아 하늘을 올려다보았다.

'앗! 제우스 교장 선생님이잖아! 말 나오기가 무섭게 나타나시다니.'

제우스는 날개가 달린 천마 페가수스를 타고 붉은 머리칼을 바람에 휘날리며 하늘을 가로질러 달려오고 있었다. 인간 세상에서 볼 일을 보고 돌아오는 길인 모양이었다. 제우스는 강력한 힘을 지니고 있는 데다 항상 바빴다. 올림포스 학교의 교장일 뿐 아니라 신들의 제왕이며 하늘을 다스리는 자이니까!

"다시 묻겠다. 이게 누구 짓이지?"

제우스의 목소리에 한층 더 짜증이 묻어났다. 제우스가 무지개를 가리키자 모든 아이들의 눈길이 이리스에게 쏟아졌다. 운동장에 침묵이 내려앉았다.

'오, 이런!'

순간 이리스의 눈이 휘둥그레졌다. 자신이, 아니 그보다는 자신이 만들어 낸 거대한 무지개가 무슨 일을 벌일 뻔했는지 깨달았기 때문이다.

'무지개가 구름을 뚫고 솟아오르다가 교장 선생님 머리를 정통으로 칠 뻔한 거야!'

제우스의 북슬북슬한 눈썹이 V 모양이 될 만큼 인상을 찌푸린 채 이리스를 똑바로 쳐다보았다! 제우스가 페가수스의 고삐를 당기자 팔의 근육이 울룩불룩 튀어나오고 손목에 낀 황금 팔찌가 햇빛을 받아 날카롭게 빛났다. 제우스의 온몸에서 전기 불꽃이 파직 파지직 튀었다. 엄청나게 화가 났다는 신호였다.

"감히 무지개로 나를 치려고 해?"

제우스가 고함을 질렀다.

"교장 선생님을 친다고요? 아, 아니에요. 저, 저는……."

이리스가 웅얼댔다. 너무 겁이 나서 교장 선생님을 납득시킬 만한 대답도 생각나지 않고, 목소리도 크게 나오지 않았다.

"20분 뒤에 교장실로 와!"

제우스의 명령에 이리스는 마른침을 꼴깍 삼켰다.

'행복한 휴일은 이걸로 끝이구나!'

2 바람의 신

　제우스가 학교 건물을 향해 날아가자 안테이아와 이리스는 걱정이 가득한 두 눈을 휘둥그레 뜨고서 서로를 쳐다보았다.
　"이리스, 내가 같이 가 줄까?"
　안테이아가 상냥하게 말을 꺼냈다.
　이리스는 땅이 꺼져라 한숨을 푹 쉬었다. 아직도 정신이 아득했다. 학교 입학 후 지금까지 말썽을 일으켜서 교장실에 불려간 적은 결코, 절대로, 단 한 번도 없었기 때문이었다.
　"괜찮아, 안테이아. 너까지 곤란해지면 안 돼."
　"걱정 마. 그렇게 무서운 분은 아니야."
　어느새 아르테미스 곁으로 온 아테나가 외야석 의자 위에 폼폼을 내려놓으며 이리스를 달래 주었다.

"언니, 고마워요."

이리스는 한층 용기가 났다.

"아테나 언니는 교장 선생님 딸이니까 누구보다도 교장 선생님을 잘 알겠죠."

이리스의 말에 아테나가 빙그레 웃더니 속내를 털어놓았다.

"응, 그래도 네 기분이 어떨지 알 수 있어. 나도 맨 처음 교장실로 걸어 들어갈 때는 무서워 죽는 줄 알았으니까."

페르세포네가 아프로디테와 함께 손에 폼폼을 든 채 다가와 이리스를 위로해 주었다.

"우리도 교장실에 들어간 적 있어. 그리고 살아서 나왔지."

가디스 걸스 응원단에 소속된 네 소녀 신은 모두 똑같은 목걸이를 걸고 있었다. 가디스 걸스를 상징하는 GG 글자 장식이 햇빛을 받아 반짝반짝 빛났다.

"어머!"

바람이 또 세차게 불자 아프로디테가 낮게 비명을 질렀다. 아프로디테의 길고 아름다운 머리카락이 바람에 휘날려 황금 부채처럼 화르르 펼쳐졌다. 세찬 바람이 키톤과 튜닉 자락을 흩날리는 통에 운동장 곳곳에서 외마디 소리가 울려 퍼졌다. 학생들

이 옷자락을 붙잡느라 애를 먹고 있었다.

"얘들아, 하늘을 봐!"

누군가 소리쳤다.

고개를 들자, 날개가 달린 네 명의 소년 신이 각자 세찬 바람을 타고서 운동장을 향해 날아오는 모습이 보였다.

안테이아가 탄성을 터뜨렸다.

"어머나, 바람의 신들이잖아? 어쩐지 바람이 갑자기 미친 듯이 불더라."

이리스는 걱정스러운 마음이 들어 무지개를 확인하기 위해 고개를 휙 돌렸다. 아니나 다를까 하늘에 만들어 놓았던 온갖 무지개가 불안하게 흔들리고 있었다.

'흔들리면 안 돼!'

사실 이리스는 흔들리지 않는 무지개를 만드는 법에 대해 열심히 연구하는 중이었다. 무지개를 더 튼튼하고 견고하게 만들기 전에는 절대로 그 위에 올라탈 엄두가 나지 않았다.

'무지개를 타고 이동할 수만 있다면 정말 유용하게 쓰일 거야. 무지개를 만들어 내는 내 재능도 증명해 보일 수 있고. 하지만 이동 중에 무지개가 흔들린다면 무척 위험할 텐데.'

네 소년 신이 바람을 타고 빠르게 접근해 오자, 땅 위에 바람이 더욱 세차게 불었다. 거센 바람에 에로스의 과녁이 쓰러졌다. 그러자 아폴론이 에로스를 도우러 급히 달려갔다. 몇몇 학생은 세찬 바람에 밀려 아예 공중제비를 한 바퀴 돌기도 했다. 누가 보면 체조 연습하는 걸로 착각할 정도였다!

"저리 가, 이 허풍쟁이들아!"

포세이돈이 바람의 신들을 향해 삼지창을 휘둘렀다.

거센 바람 때문에 이리스가 만든 무지개 중 가장 커다란 무지개가 무너지고 있었다. 나머지 무지개도 마찬가지였다.

그때 갑자기 바람의 신 중 하나가 날갯짓을 해서 땅으로 내려왔다. 하얀 머리칼을 가진 그 소년 신이 운동장을 향해 차가운 바람을 보냈다. 이리스의 온몸이 부르르 떨렸다. 외야석에 함께 서 있던 안테이아, 파마, 아테나, 아프로디테, 아르테미스, 페르세포네, 이리스는 온기를 나누고자 옹기종기 모여 서서 서로를 끌어안았다.

'이런 짓을 벌인 걸 보니 분명히 저 애가 보레아스야. 보레아스가 차가운 겨울바람을 조종한다고 과학 시간에 배웠잖아.'

소년 신은 이제 서릿발을 뿜어내 남은 마지막 무지개까지 날려 버리고 있었다.

'일부러 저러는 거야!'

"이런, 어쩌지? 숨 좀 쉬었더니 네 무지개가 날아가 버렸네?"

보레아스가 이리스를 향해 소리치더니 껄껄 웃어 댔다.

하지만 이리스는 보레아스와 절대 맞서지 않았다. 그저 나직이 혼잣말만 중얼거렸다.

"포세이돈 오빠 말이 맞아. 저 애들은 진짜 허풍쟁이야!"

보레아스가 공기를 차갑게 만든 바람에 이리스가 말을 할 때마다 입에서 하얀 입김이 뿜어져 나왔다.

네 바람의 신 중 갈색 머리칼을 가진 소년이 보레아스를 불렀다. 보레아스는 마지막으로 한 번 더 차가운 입김을 내뿜고는 하늘로 솟구쳐 올라 형제들 곁으로 갔다.

이리스는 과학 시간에 바람의 신 사 형제에 대해 배웠다. 제피로스는 봄에 부는 따뜻한 서풍을, 노토스는 여름에 부는 뜨거운 남풍을, 에우로스는 가을의 선선한 동풍을 담당했다.

"오, 신이시여! 저 애들이 대체 이곳에 왜 온 거야?"

페르세포네가 머리카락과 치맛자락을 붙잡은 채 툴툴거렸다. 다른 여자아이들도 대부분 비슷한 자세를 취하고 있었다.

"그러게요. 저 넷이 같이 다니는 건 규칙에 어긋나는 걸로 알고 있는데 말이죠."

이리스가 목청을 돋우어 대답했다. 세찬 바람 소리 때문에 아이들은 크게 고함을 질러야 대화를 나눌 수 있었다.

아프로디테가 고개를 끄덕이더니 말했다.

"나도 그렇게 알고 있어. 넷이 한자리에 모여서 저마다 다른 온도로 바람을 불어 대면 기상 사고가 생길 수 있으니까."

그 말에 이리스와 안테이아는 서로를 바라보며 빙그레 웃었다. 아프로디테는 아주 중요한 역사적 사건조차 단순 '사고'라고 여겼다. 파리스와 헬레나가 사랑에 빠지도록 만들었다가 뜻하지 않게 트로이 전쟁을 일으켰을 때도 아프로디테는 그 일을 '사고'라고 불렀다.

"뭔가 일이 벌어지고 있어."

파마가 말을 꺼냈다.

"무슨 일인지 알아봐야지."

파마의 '참견거리 측정기'가 바람만큼이나 세차게 작동하고 있는 게 분명했다! 파마는 바람에 밀려 날아가지 않도록 날개를 열심히 움직이며 네 소년을 뒤쫓아 학교 쪽으로 날아갔다.

이리스와 안테이아를 비롯한 나머지 학생도 운동장을 떠나 학교로 돌아갔다.

"파마 언니의 말이 맞아."

안테이아가 말했다.

"틀림없이 무슨 일이 벌어지고 있어."

"응."

이리스는 고개를 주억거리며 바삐 걸음을 옮겼다. 어쩐지 올림포스 학교에 한바탕 폭풍이 휘몰아칠 것 같은 예감이 들었다. 이리스는 갑작스럽게 벌어진 사건 때문에 곧 있을 제우스와의 면담 걱정을 잠시라도 잊을 수 있어서 좋았다.

무슨 일이 벌어지는지 알아보기 위해 모두 학교 앞뜰로 달려가는 사이, 곳곳에서 비명 소리가 울려 퍼졌다. 바람 때문에 말썽이 끊이지 않았기 때문이었다. 이리스도 달리는 동안 몇 번이나 바람 때문에 몸이 허공으로 붕 떠올랐다.

"설마 저 애들이 네 러브러브 클럽 회원의 편지를 배달하러 온 건 아니겠지?"

페르세포네가 아프로디테에게 소리쳤다. 바람에 목소리가 날려서 이리스도 페르세포네의 말을 들을 수 있었다.

아프로디테가 목청 높여 대답했다.

"고작 나한테 편지 몇 통 가져다주려고 네 명이 다 함께 온 거라고? 그럴 리는 없을 거야."

아프로디테는 러브러브 클럽을 운영하고 있어서 인간이나 불멸의 존재 회원들로부터 연애 문제 상담 편지를 자주 받았다.

"당연하지."

아테나가 고개를 끄덕이며 말했다.

"저 애들은 바람을 이용해서 훨씬 더 중요한 일을 해. 예를 들면 계절을 바꾸는 일 같은 거 말이야."

이리스가 알고 있는 바도 같았다. 바람의 신들이 관장하는 바람은 봄, 여름, 가을, 겨울 내내 전 세계를 바쁘게 돌아다녔다. 그래서 불멸의 존재들이 편지나 간단한 전갈을 보낼 때에는 산들바람 정도의 마법 바람이 그 일을 담당했다.

이리스 일행은 이내 올림포스 학교 앞뜰에 도착했다. 올림포스 학교는 그리스에서 가장 높은 산꼭대기에 흰 대리석으로 지어져 있었다. 5층 높이 건물 사방에는 이오니아식 기둥이 세워져 있고, 뾰족한 지붕 밑에는 멋진 돋을새김 조각 장식이 가득했다. 보통 올림포스 학교 건물은 햇살을 받아 환하게 빛나는데 지금은 하늘이 흐려서 대리석 벽에 회색 구름 그림자가 드리워져 있었다.

이리스, 안테이아, 파마, 아테나, 아프로디테, 아르테미스, 페르세포네는 학교 앞뜰에 우뚝 멈춰선 채 눈앞의 광경에 입을 떡 벌렸다.

모든 게 뒤죽박죽이었다. 학생들 손에서 두루마리가 날아오르고, 머리카락이 휘날리다 뒤엉키고, 화분과 조각상이 서로 부딪혀 박살이 나고 있었다. 네 바람의 신이 땅에 내려설 때까지 이리스 일행이 할 수 있는 일이라고는 바람에 휩싸여 날아가지 않도록 단단히 버티는 것뿐이었다.

한편 앞뜰에는 선생님 몇 명이 상황을 살피러 나와 있었다. 제우스의 아내이자 아테나의 새어머니인 헤라도 보였다. 헤라는 불멸 쇼핑센터에서 '헤라의 해피 엔딩'이라는 웨딩샵을 운영하느라 바빴지만, 가끔씩 올림포스 학교의 수업을 맡기도 했다.

보레아스, 제피로스, 노토스, 에우로스가 화강암 계단 위로 쌩 하고 날아가자 커다란 청동 문이 열리며 영웅학 담당 키클롭스 선생님이 밖으로 나왔다. 애꾸눈의 거인 키클롭스 선생님은 차가운 비난조의 목소리로 사 형제를 맞았다. 사 형제가 일으킨 소동에 키클롭스 선생님도 이리스 일행만큼이나 짜증이 난 듯했다. 그런데 바람의 신 사 형제가 하는 말을 듣던 키클롭스 선생님의 표정이 싹 바뀌었다. 얼굴이 확 어두워지고 어쩐지 긴장한 듯 보였다. 키클롭스 선생님은 곧바로 거대한 현관문을 활짝 열고 옆으로 비켜섰다.

"서둘러라!"

키클롭스 선생님은 사 형제에게 안으로 들어가라고 손짓을 하며 몇 마디 말을 더했다. 이리스는 키클롭스 선생님의 말 중에서 "그 소식을 듣고 싶어 하실 거다."라는 말만 겨우 들을 수 있었다.

네 바람의 신은 키클롭스 선생님 옆을 지나 학교 안으로 사라졌다. 이윽고 현관문이 닫히자 이내 모든 것이 잠잠해졌다. 아프로디테는 곧바로 엉킨 머리카락을 빗질하기 시작했다.

한편 키클롭스 선생님은 계단 꼭대기에 우뚝 선 채 이마에 달린 커다란 외눈으로 뜰에 모여 있는 학생들을 쭉 훑어보더니 외쳤다.

"자, 소동은 끝났다! 각자 있던 곳으로 돌아가거라."

키클롭스 선생님은 말을 마치자마자 다른 선생님들과 함께 서둘러 학교 안으로 들어갔다.

"너 혹시 바람의 신들이 키클롭스 선생님한테 뭐라고 했는지 들었어?"

파마가 뜰에 모인 아이들을 한 명씩 붙잡고 물었지만 아무도 들은 이가 없었다. 파마가 실망했는지 날개를 아래로 축 늘어뜨렸다가 이내 뭔가가 생각난 듯 날개를 다시 바짝 세웠다. 아마도 이리스가 무지개로 제우스를 칠 뻔했다는 소식을 퍼뜨려야겠다고 생각한 모양이었다.

이리스는 뜰에 있는 해시계를 확인했다. 제우스와 약속한 시간이 다가오고 있었다.

"나도 들어가 봐야 할 것 같아."

이리스는 안테이아와 아프로디테, 아테나, 아르테미스, 페르세포네를 향해 말을 꺼냈다.

"지지지지에우스 교지지지지지앙 선생님 사무실로, 가야지지지지직."

이리스는 '지지지지' 소리를 낼 때마다 오른손 검지로 왼쪽 팔을 누르며 폴짝 뛰었다. 운동장에서 벌인 실수에 대해 제우스가 전기 불꽃으로 벌하는 시늉을 한 것이었다.

"별일 없을 거야."

아테나가 다시 한 번 이리스를 다독이고서 친구들과 함께 운동장으로 걸음을 옮겼다.

"행운을 빌게."

아프로디테도 밝고 아름다운 목소리로 외쳤다. 바람에 헝클어졌던 아프로디테의 머리카락은 이제 본모습을 거의 갖추고 있었다.

페르세포네는 이리스에게 힘내라는 듯이 방긋 웃어 주었고, 아르테미스는 엄지를 들어 보였다. 그렇게 인기가 많은데도 네 소녀 신은 절대로 거드름 피우는 법이 없었다.

"아폴론 오빠의 편지는 어떻게 하지? 내가 대신 가져다줄까?"

안테이아가 물었다.

이리스는 한 손에 꼭 쥐고 있던 가방을 내려다보았다. 갑작스러운 소동 때문에 편지를 깜박 잊어버리고 있었다.

"아폴론 오빠가 나한테 맡겼으니 내가 전하는 게 나을 것 같아. 교장 선생님을 만나고 나서도 내가 무사히 살아 있으면 불멸 쇼핑센터에 같이 가자."

이리스는 교장 선생님을 만날 일이 생각만 해도 까마득했지만, 애써 웃어 보였다.

"얘들아, 지금 불멸 쇼핑센터에 갈 거라고 했니?"

뒤에서 한 여인의 목소리가 들려왔다.

이리스와 안테이아가 그쪽으로 고개를 돌렸더니 헤라가 서 있었다. 헤라는 다른 선생님들과 함께 학교 안으로 들어가지 않은 모양이었다. 오늘도 헤라는 풍성한 금발을 머리 위로 높이 틀어 올려 멋지게 꾸미고 있었다. 이리스는 매사 위엄 넘치는 헤라가 제우스와 잘 어울린다고 생각했다.

'헤라 님은 키가 그렇게 큰 편이 아닌데도 조각상처럼 당당해

보여. 아마 자신감 때문에 그런 걸 거야.'

이리스와 안테이아가 고개를 끄덕여 보이자, 헤라가 가까이 다가와서 두루마리 한 장을 내밀었다.

"그럼 불멸 쇼핑센터에 가는 김에 이 두루마리 편지를 전해 줄 수 있겠니? 내가 직접 가면 좋겠지만 지금 너무 바빠서 말이야. 교장 선생님과 난 오늘 상, 음……, 약속이 있어서 올림포스 산을 잠시 떠날 예정이거든. 그런데 이 편지를 오늘 아침에 꼭 전해야만 해."

이리스는 헤라의 목소리에서 불안한 기색을 느끼고서 얼른 대답했다.

"네, 그럴게요."

"고맙구나. 그리고 부탁인데, 제우, 아니, 아무한테도 이 사실을 알리지 않도록 해라."

헤라가 나직하게 다짐을 놓더니 이리스의 손에 두루마리를 건넸다. 그러고는 화강암 계단을 서둘러 올라서 올림포스 학교의 청동 현관문을 열고 건물 안으로 사라졌다.

이리스와 안테이아는 깜짝 놀라서 서로를 쳐다보았다.

"방금 제우스 교장 선생님께 알리지 말라고 말씀하시려는 것 같았지?"

이리스가 물었다.

"응, 내 생각도 같아. 편지에 무슨 내용이 담겨 있기에 교장 선생님이 몰랐으면 하는 걸까? 왜 헤르메스 택배 전차가 왔을 때 전달하지 않은 거지?"

"아폴론 오빠처럼 전차를 놓쳤나 보지 뭐."

이리스는 잠시 생각에 잠겼다.

'확실히 편지 배달 방법에 문제가 있어. 헤르메스 택배 전차는 특별한 경우를 제외하고는 하루에 한 번밖에 오지 않잖아. 그것만으로는 부족해. 이렇게 급한 편지를 보낼 방법이 없으니까. 내가 좀 더 용감했다면 교장 선생님한테 이 문제를 말씀 드렸을 텐데. 하하! 내가 참 잘도 그러겠다.'

안테이아가 다시 말을 꺼냈다.

"어쩌면 헤라 님이 '일부러' 헤르메스 택배를 이용하지 않으신 건지도 몰라. 헤르메스 님은 교장 선생님한테 충성을 다하잖

아. 혹시 교장 선생님이 헤르메스 님한테서 비밀 정보를 빼낼 수도 있다는 생각을 하셨을 거야."

둘은 호기심에 가득 찬 눈으로 헤라의 두루마리 편지를 내려다보았다. 이리스가 두루마리 겉에 씌어 있는 이름을 소리 내어 읽었다.

"불멸 쇼핑센터 내 케익스 씨에게."

그러자 안테이아가 대꾸했다.

"그런 이름은 들어본 적이 없는데."

"나도. 이름만으로 어떻게 편지 주인을 찾지?"

그때 열려 있던 교장실의 창문으로 제우스의 고함 소리가 울려 퍼졌다.

"뭐라고?"

아무 상관도 없는 이리스와 안테이아가 놀라서 주춤 뒤로 물러났다.

"오늘 교장 선생님이 영 저기압이시네."

안테이아가 한마디 하자, 이리스는 움찔했다.

"안테이아, 혹시 나 때문일까? 내 무지개에 맞을 뻔한 걸로 저렇게까지 화나신 건 아니겠지?"

"아닐 거야."

이리스는 엉망진창이 된 학교 뜰을 둘러보며 대답했다.

"그래, 아마 바람의 신들이 학교를 난장판으로 만들어 놓은 것 때문에 그러시는 걸 거야."

안테이아가 고개를 끄덕였다. 그러나 얼굴 표정은 이리스만큼이나 불안해 보였다.

이리스는 가방에 헤라의 두루마리 편지를 넣고 계단을 올라갔다.

잠시 후 이리스는 복도에 서서 '행정실'이란 글자가 새겨진 문을 뚫어져라 쳐다보고 있었다. 그러다 마지막으로 한 번 더 마음을 추스리고서 문을 열고 안으로 들어섰다.

아홉 머리가 달린 히드라 선생님이 높다란 책상 뒤에 서 있었다. 그리고 그 너머로 문이 또 하나 보였다. 아마 교장실로 들어가는 문인 듯했다. 히드라 선생님은 주변에 둘러선 학생들을 응대하느라 아주 바빴다. 다들 초조한 눈치였다. 그도 그럴 것이, 비록 문은 닫혀 있지만 교장실 안에서는 몇 초에 한 번씩 쿵, 쾅 하는 소리가 울려 퍼졌기 때문이었다.

"맙소사, 안에서 도대체 무슨 일이 벌어지고 있는 걸까?"

이리스는 들릴락 말락 한 소리로 혼자 중얼거렸다.

"별일 아니야. 안에 바람의 신들이 들어가 있어."

히드라 선생님의 분홍 머리가 처리하고 있던 서류에서 눈길 한 번 돌리지 않고 대답했다. 올림포스 학교 학생들은 분홍 머리 선생님을 '핑키 선생님'이라고 불렀다. 핑키 선생님은 파마만큼이나 소문을 좋아했다. 그러니 다른 머리들보다 귀가 밝은 것도 어찌 보면 당연한 일이었다.

'내 짐작대로 허풍쟁이 사 형제가 학교 건물 안으로 들어와서 곧장 교장실로 직행한 모양이야. 그 애들이 무슨 소식을 가져왔는지 모르지만 아까 키클롭스 선생님은 분명 교장 선생님이 듣고 싶어 할 소식이라고 말하는 것 같았어.'

이내 이리스는 생각을 정리하고서 히드라 선생님의 회색 머리에게 말을 걸었다. 지금 아홉 머리 중 바쁘지 않은 이는 회색 머리 선생님뿐이었다.

"저도 교장 선생님과 면담이 잡혀 있어요."

교장실 안에서 갑자기 또 쾅 하는 소리가 울려 퍼지자, 회색 머리 선생님이 그쪽을 빤히 쳐다보며 말했다.

"얘야, 아무래도 나중에 오는 게 좋을 것 같구나."

이리스는 '이대로 꽁무니를 뺄까?' 하고 0.5초쯤 고민했다. 그러나 곧바로 고개를 절레절레 흔들었다.

"저도 그러고 싶지만 교장 선생님이 오라고 하셨으니 기다려야 할 것 같아요."

"그래, 그럼 여기에 이름을 쓰렴."

회색 머리 선생님은 히드라 선생님의 아홉 머리 중 가장 일을 잘했다.

"요즘 우리는 교장 선생님 일정을 정리해 드리려고 애쓰고 있거든. 그래서 누가 교장실을 방문했는지, 교장 선생님께서 시간을 어떻게 쓰셨는지 내가 일일이 파악하고 있어."

이어 회색 머리 선생님은 고갯짓으로 책상을 가리켰다. 그제야 이리스는 책상 위에 놓여 있는 방문자 명단을 발견하고서 곧바로 색깔 펜 세트를 꺼내어 멋지게 이름을 썼다. 글자 하나하나를 각각 다른 색깔로 곱게 장식하는 것도 잊지 않았다.

"어머나."

걱정투성이 회색 머리 선생님이 이리스의 행동을 지켜보다가 한마디 했다.

"그렇게 공들여 썼는데 한 줄 안에 다 안 들어가면 어쩌지? 기록장의 자리를 너무 많이 차지해도 곤란해."

늘 방긋방긋 웃는 노란 머리 선생님이 목을 쭉 빼고서 이리스의 작품을 구경하더니 감탄을 터뜨렸다.

"알록달록하니 예쁘기만 한 걸."

이리스는 불안에 떨면서도 고맙다는 뜻으로 애써 미소를 지었다. 그러나 다음 순간, 교장실 문이 확 열리는 바람에 희미했던 미소조차 싹 사라져 버렸다. 이리스는 빙글 돌아서서 책상에 등을 바싹 붙였다. 이내 바람 때문에 행정실 안의 물건들이 떨어지고, 서류가 훨훨 날아갔다.

"모두 여기서 나가도록!"

히드라 선생님의 아홉 머리가 행정실에 와 있던 학생들을 향해 동시에 외쳤다. 이어 히드라 선생님은 아홉 머리를 까닥이며 책상 뒤에서 미끄러져 나와 서류를 줍기 시작했다.

이리스는 감히 제우스와의 약속을 어길 엄두가 나지 않았다. 그래서 행정실에 남아 히드라 선생님을 도왔다. 이리스는 바닥에 떨어진 서류를 줍다가 교장실 문 앞까지 갔다.

"그래서 티폰이 타르타로스에서 도망쳤단 말이지."

제우스의 목소리가 들렸다.

"내가 타이탄과 전쟁을 끝낸 뒤 그 짐승을 타르타로스에 가둔 건 다 이유가 있어서야. 만약 티폰이 이리로 오고 있다면 대단히 위험한 일이 아닐 수 없어."

'티폰? 티폰이 누구지?'

이리스는 서류 한 더미를 부둥켜안고서 몸을 일으켰다.

'야수학 시간에 티폰에 대해서는 배운 적이 없는데.'

이리스는 눈길을 끌지 않도록 최대한 자연스럽게 행동하며 교장실 문 앞으로 조금 더 가까이 다가갔다.

"티폰은 정말 괴물이에요."

네 바람의 신 중 한 명이 말을 꺼냈다. 곧바로 또 다른 목소리들이 말을 받았다.

"우리 넷의 힘을 다 합친 것보다 더 강력한 회오리바람을 일으키죠."

"닥치는 대로 마을을 파괴하고 다니더니 지금은 어딘가에 숨었어요. 아무래도 뭔가를 기다리고 있는 것 같아요."

"놈이 무슨 꿍꿍이를 꾸미고 있는지 알아내야 할 텐데요."

"티폰은 분명히 자신을 타르타로스에서 꺼내 준 자의 지시를 따르고 있는 걸 거다. 내 기필코 그자가 누구인지 알아내마!"

제우스의 다짐과 함께 쾅! 치지직! 치지직! 하는 소리가 이어졌다. 이리스는 기겁해서 숨을 죽였다. 코끝에 희미한 연기 냄새가 느껴졌다. 제우스가 주먹으로 책상을 내리칠 때 사방에 전기 불꽃이 튄 모양이었다.

'앗, 부디 내가 면담할 때에는 저런 일이 벌어지지 않아야 하는데!'

제우스의 목소리가 다시 이어졌다.

"티폰은 썩 영리한 편이 아니야. 그 점이 우리한테 유리하게 작용하기도 하지만 동시에 놈의 움직임을 짐작할 수 없게 만드는 면도 있지. 티폰이 언제 어떻게 공격할지 전혀 알 수 없어. 게다가 놈은 모자라는 머리를 만회하고도 남을 만큼 강력한 힘을 지녔지."

타르타로스는 지하 세계에서도 가장 끔찍한 곳이라서 뼛속까지 악한 인간이나 괴물이 그곳에 갇혔다. 이리스가 아는 한, 이 티폰이라는 괴물을 제외하고는 지금까지 아무도 그 절망의 구덩이에서 도망친 자가 없었다.

제우스가 마침내 다시 입을 열었다.

"이건 우리 올림포스 학교 모든 구성원의 안전이 걸린 문제야!"

이리스는 이들의 대화 내용에 잔뜩 겁을 먹었다. 바람의 신사 형제는 티폰이라는 괴물이 접근하고 있다는 소식을 전하기 위해 올림포스 학교에 온 모양이었다. 그런데 듣자하니 그들도 티폰이 언제 나타날지, 어떻게 해야 막을 수 있는지 전혀 모르는 것 같았다. 가장 무서운 건 제우스도 티폰에 대해 아는 바가 없다는 점이었다. 올림포스 학교와 인간 세상의 모든 이가 제우스라면 그런 문제를 너끈히 처리할 수 있을 거라고 철석같이 믿고 있었다.

이리스는 몸이 저절로 부르르 떨렸다.

'제우스 교장 선생님이 이번 사태만큼은 해결하지 못할 수도 있는 걸까?'

바람의 신 사 형제가 티폰과 어떻게 싸울 것인가를 두고 입씨름을 하자, 주위의 물건들이 다시 소용돌이쳤다. 거센 바람이 이리스가 모아 놓은 서류를 날려 버리고, 히드라 선생님의 책상에 있던 방문자 명단을 바닥으로 떨어뜨렸다. 히드라 선생님은 아홉 머리를 사방으로 움직이며 어떤 것부터 치워야 할지 궁리하고 있었다.

"진정해라!"

제우스가 바람의 신 사 형제에게 큰 소리로 명령을 내렸다. 바람의 신들은 제우스의 위엄에 놀라 흡 하고 숨을 들이쉬었다. 그러자 교장실 문이 안쪽으로 빨려 들어갔다.

쾅!

교장실 문이 닫히는 바람에 이리스는 더 이상 이야기를 엿들을 수 없었다.

한참 뒤 이리스와 히드라 선생님이 겨우 행정실 정리를 마쳤

을 때, 교장실 문이 다시 열렸다. 바람의 신 사 형제가 우르르 몰려나왔다.

'저 애들은 분명 바람의 힘을 조절할 줄 알아. 지금은 바람이 거의 불지 않잖아.'

히드라 선생님이 지나가던 네 소년 중 한 명에게 방문자 명단을 내밀었다.

"제피로스. 네 형들은 이미 이름을 썼어. 너도 써야 한다."

"네, 알겠습니다."

제피로스가 예의 바르게 대답하더니 머리를 위로, 이어 옆으로 흔들어 이마를 가린 갈색 머리칼을 넘겼다. 이리스는 제피로스의 멋진 파란색 날개와 맑은 하늘색 눈동자에 저도 모르게 눈길이 갔다.

제피로스가 주위를 둘러보더니 히드라 선생님에게 말을 걸었다.

"선생님, 혹시 펜 있으세요?"

"나한테 있어."

이리스가 가방에서 색깔 펜 세트를 꺼내자, 제피로스가 빙긋 웃으며 형광 연두색 펜을 골랐다.

"고마워."

제피로스는 방문자 명단에 이름을 쓰다가 바로 윗줄에 씌어 있는 이리스의 아름다운 글씨를 발견했다. 제피로스가 펜을 돌려주며 이렇게 물었다.

"네가 이리스니?"

이리스는 얼떨결에 고개를 끄덕이며 대답했다.

"응, 안녕! 올림포스 학교에 온 걸 환영해!"

곧장 이리스는 속으로 끙 신음을 뱉었다.

'으아아악! 왜 이런 말을 했지? 쟤들이 전학온 것도 아닌데. 그래도 우리 학교에 처음 온 학생을 환영해 주는 건 예의 바른 일이잖아. 여기 계속 머물지 않는다 해도 말이지.'

제피로스가 다시 말을 꺼냈다.

"그럴 것 같더라. 아까 네 펜 세트를 봤잖아."

제피로스가 환하게 미소를 짓자, 이번에는 이리스도 미소로 답했다.

한편 곁에 있던 보레아스가 고개를 숙여 이리스가 들고 있는 펜 세트를 들여다보더니 말했다.

"뭐야? 어이, 발랄 산만 반짝이 소녀, 성에꽃이랑 닮은 흰색이나 은회색 펜이 없잖아? 난 그 색깔을 좋아한단 말이야. 훨씬 품위 있어 보이지. 내 말 믿어도 좋아. 난 우리 학교 글씨 쓰기

대회에서 3년 연속으로 우승했거든."

이리스는 몸을 부르르 떨며 뒤로 물러났다.

'애는 차가운 바람 담당인 것도 모자라서 자랑쟁이잖아!'

이리스는 자신의 발랄한 성격을 닮은 색깔 펜만 가지고 다녔다. 그리고 항상 밝고 쾌활한 자기 성격을 오히려 성가시게 여기는 아이도 있다는 걸 알고 있었다.

'뭐, 어쩌겠어? 이게 타고난 내 모습인걸. 맨날 우울하게 지내거나 너처럼 남을 짜증 나게 하는 것보다는 낫잖아?'

이리스는 고개를 갸웃하며 바람의 신 사 형제에게 농담을 건넸다.

"기왕이면 무지 예쁜 무지개 소녀라고 불러 줘."

"그보다는 하피…… 으음."

보레아스가 말을 어물쩍 흐렸다. 하피에 붙여 쓸 괜찮은 별명이 떠오르지 않는 모양이었다.

이리스는 내심 놀랐다.

'하피라는 말을 꺼내다니, 저 애들은 나한테 하피 언니가 셋 있다는 걸 알고 있는 걸까? 나랑 전혀 닮지 않았는데도? 심지어 우리 학교 학생 중에도 그 사실을 모르는 애들이 있는데!'

이리스의 세 하피 언니들은 얼굴도 예쁘고 머리카락 색도 정상이었지만, 몸은 깃털로 뒤덮여 있고, 뾰족한 발톱이 달린 새의 다리를 가진 데다 하늘을 날 수 있었다. 그리고 이리스와는 정반대로 성격이 아주 괴팍했다. 셋은 불멸 쇼핑센터에서 '헝그리 헝그리 하피'라는 카페를 운영하고 있었다.

이리스는 보레아스가 꺼낸 하피 이야기 때문에 자신이 무안해졌다는 걸 들키고 싶지 않았다. 그래서 일부러 환하게 웃으며 대꾸했다.

"해피, 해피, 하피?"

그 말에 보레아스의 형제들은 물론이요, 히드라 선생님의 노란 머리까지 풋 하고 웃음을 터뜨렸다.

"그런데 난……."

"됐거든."

이리스가 자신은 하피가 아니라고 말하려는데 보레아스가 퉁명스럽게 말을 잘랐다. 이리스가 재미있는 말로 분위기를 띄우자 짜증이 난 것 같았다.

"얘들아, 가자."

"그럼 또 보자."

이리스는 짐짓 예의 바르게 인사를 건네며 속으로 웃었다.

'하, 하, 하! 넌 차가운 북풍을 불어 대지만 난 차가운 이성으

로 널 이겼어.'

그때 이리스와 눈이 마주친 제피로스가 다시 훈훈한 미소를 보냈다. 그러더니 행정실을 떠날 때 등 뒤로 손을 빼서 이리스에게 엄지를 추켜세워 주었다.

"야, 제피로스! 빨리 와!"

보레아스가 버럭 소리를 질렀다.

이리스는 제피로스가 형제들에게 달려가는 모습을 가만히 지켜보았다.

"이리스, 이리 오렴!"

히드라 선생님이 다급히 불렀다. 이리스가 돌아보니 성미 급한 보라 머리 선생님이 말하고 있었다.

"교장 선생님을 기다리게 하면 안 되지! 자, 빨리 움직이렴!"

이리스가 교장실 안으로 들어서려는데, 성미 급한 보라 머리 선생님이 다시 이리스를 불렀다.

"용건은 가능한 빨리 마무리하도록 해. 제우스 교장 선생님은 바쁘신 분이야. 게다가 15분 후에 헤라 님과 만나기로 약속이 되어 있으셔."

"알았어요."

이리스는 마지못해 교장실 안으로 터덜터덜 걸어 들어갔다.

'무심코 만든 무지개에 하마터면 교장 선생님과 페가수스가 맞을 뻔했잖아. 그 일로 어떤 벌을 받게 될까? 번개로 날 쳐서 산산조각 내어 버리시려나? 아니면 손가락 끝에서 뿜어내는 전기 불꽃으로 통구이를 만들어 버리시려나?'

이리스의 걱정거리가 그것만 있는 게 아니었다. 이리스의 가방 안에 있는 헤라의 편지가 당장이라도 밖으로 톡 튀어 나올 것만 같았다.

'내가 헤라 님의 편지를 가지고 있다는 걸 교장 선생님이 눈치채시면 어떻게 하지? 교장 선생님은 엄청난 힘을 지니셨잖아. 내 속을 들여다보고서 내가 말하지 않은 게 있다는 걸 알아내실까? 아, 헤라 님한테서 부탁을 받지 않았다면 좋았을 텐데! 하지만 이 편지에는 뭔가 엄청 중요한 내용이 들어 있는 것 같아. 그렇다면 헤라 님을 실망시킬 수 없지.'

파마와 달리 이리스는 입이 무거웠다. 하지만 신들의 제왕한테까지 비밀을 지키려니 이리스의 마음이 심히 불편해졌다.

'아, 어쩌다 이렇게 되었을까!'

3 특별 임무

　교장실 안으로 들어선 순간, 이리스는 혹시 딴 곳에 온 게 아닐까 생각했다. 교장실 안에 온갖 잡동사니가 가득하고, 복잡한 도시 위로 우뚝 솟은 고층 건물처럼 방 한 가운데에 놓인 서류 캐비닛이 앞을 가로막고 있기 때문이었다.
　'우아, 교장실이 엉망진창이라는 소문은 들었지만, 상상한 것보다 훨씬 심하네. 바람 때문에 이렇게 된 걸까? 아니면 원래 이렇게 회오리바람이 휩쓸고 간 것 같을까?'
　이리스는 제우스를 찾는 동안 곳곳에 쌓여 있는 두루마리 서류와 마주치고, 바닥에 굴러다니는 미술 작품에 발이 걸려 넘어질 뻔도 했다. 그중에는 반쯤 박살 나 있는 신전 축소 모형도 있었다. 아마 올림피아 시에 지어진 제우스 대신전의 모형인 듯했다. 직접 가 본 적은 없지만 이리스도 신전 안에 있는 상아와 황금으로 장식된 제우스 조각상이 세계 7대 불가사의 중 하나라는 사실은 알고 있었다.

이리스는 걷는 도중에 그리스 지도와 보드 게임판 두 개를 밟고, 마시다 만 주스 병 세 개를 빠지직 찌그러뜨렸다. 서류 캐비닛 중 하나는 아예 뒤집어져 있고, 엄청난 힘이 실린 주먹에 맞은 듯 옆이 움푹 들어가 있었다. 이리스는 그 광경을 보고서 저도 모르게 마른침을 꼴깍 삼켰다.

"이비스냐?"

갑자기 들려온 제우스의 우렁우렁한 목소리에 이리스가 움찔했다.

'엉? 지금 교장 선생님이 날 이비스라고 부르신 건가? 아냐, 내가 잘못 들은 걸 거야. 그렇지만 교장 선생님은 학생들 이름을 기억 못하는 걸로 유명하시잖아. 흠, 아무래도 내 이름을 엉뚱하게 알고 계신 것 같은데?'

"가고 있어요."

목소리가 떨려 나오는 바람에 이리스는 점점 더 겁이 났다. 눈앞에 있는 또 다른 서류 캐비닛을 끼고 돌자 어마어마하게 큰 책상 뒤에 놓인 커다란 황금 왕좌에 제우스가 앉아 있었다. 제우스는 1.2미터 길이의 순금 트로피를 들어 올렸다가 내렸다가 하면서 책상 위에 펼쳐 놓은 두루마리 지도를 찬찬히 들여다보고 있었다. 이리스는 트로피 위에 '우주 최고 신 아빠'라고 씌인 글씨를 보았다.

'아테나 언니가 줬나 봐. 사랑스러워라!'

제우스가 팔을 구부리자 손가락 끝에서 전기 불꽃이 튀어나와서 트로피를 타닥타닥 까맣게 그을렸다. 제우스는 뭔가 깊은 생각에 빠진 듯했다.

'방금 전에 있었던 난리 법석 때문일까? 아니면 나 때문에?'

갑자기 제우스가 고개를 휙 들더니 새파란 두 눈으로 이리스를 똑바로 쳐다보았다.

"앉아."

제우스가 책상 앞에 주르륵 놓인 의자 여섯 개를 가리키더니 트로피를 바닥에 쿵 떨어뜨렸다.

이리스는 가장 가까이에 있는 의자를 골라 앉았다.

콰지직!

깜짝 놀란 이리스가 엉거주춤 일어나 보니 의자에 놓여 있던 암브로시아 과자 봉지가 터져 있었다.

"아, 죄송해요."

이리스는 웅얼웅얼 사과하고서 바로 옆 의자로 자리를 옮겼다. 그 의자는 바닥 쿠션에 구멍이 두 개나 뿡 나 있고 주위에 그을린 자국이 가득했다. 이제 보니 의자 여섯 개 뿐만 아니라 교장실 벽과 거의 모든 물건에도 그을린 자국이 나 있었다.

'설마 교장 선생님이 방문객들한테 번개를 던져서 그런 걸까?'

이리스는 등골이 오싹했다. 그러나 이내 호흡을 고르고 가방을 무릎에 올려놓은 다음, 덜덜 떨리는 두 손을 다리 옆으로 밀어 넣었다.

이리스는 한바탕 꾸지람이 쏟아지길 기다리면서 제우스의 책상에 놓여 있는 지도의 이름을 읽어 보았다. 거꾸로 보긴 했지만 분명 그 유명한 '그라이아이의 상담실'로 가는 길 안내용 지도였다.

'교장 선생님이 왜 저걸 보고 계신 거지?'

그라이아이는 올림포스 학교의 상담 선생님이었다. 학생들 중에는 머나먼 곳에 있는 그라이아이의 상담실에 다녀온 아이들이 간혹 있지만, 거기서 무슨 일이 있었는지 아무도 말을 하지 않았다. 그래서 이리스는 그곳이 아마 생각도 하기 싫은 끔찍한 곳일 거라 짐작하고 있었다.

'오, 신이시여! 설마 날 거기 보낼 작정이신 걸까?'

제우스가 지도를 한쪽으로 밀더니 두툼한 두 손을 책상 위에 포개어 놓았다.

"이비스, 난 그동안 널 계속 지켜보고 있었다."

"어, 이리스인데요."

이리스는 불쑥 말을 뱉었다가 곧바로 후회했다.

'날 뭐라고 부르든 무슨 상관이야? 교장 선생님이 날 퇴학시키기로 마음먹었다면, 히드라 선생님한테 이비스를 쫓아내라고 하실 거야. 그럼 날 두고 한 말이란 걸 히드라 선생님은 모를 테니 오히려 좋잖아?'

이리스는 속으로 마음을 다졌다.

'자, 진정하자! 교장 선생님이 운동장에서 있었던 일을 그냥 넘어가 주시도록 설득해야 해. 게다가 지금이야말로 날 무지개의 여신으로 임명해 달라고 부탁할 유일한 기회야. 언제 또 신들의 제왕이자 하늘을 다스리는 자와 일대일로 이야기를 나눌 수 있겠어? 이런 기회는 흔치 않아.'

이리스는 서둘러 말을 꺼냈다.

"아까 그 무지개 사건은요."

"네 무지개 말이다."

제우스도 거의 동시에 말을 꺼냈다.

"네, 저도 알아요. 커다란 무지개를 만들어서 교장 선생님을 칠 뻔한 건 절대로 의도한 게 아니에요. 정말 죄송해요."

이리스는 제우스가 먼저 말을 꺼내지 못하도록 줄줄줄 말을 이었다.

"뭐든 연습을 해야 늘잖아요."

"실력을 늘리고자 연습하는 건, 예를 들어 무지개를 만드는 것처럼 말이다. 그런 건 분명 가치 있는 일이지. 하지만 그 전에 조준 연습부터 해야 하지 않을까?"

제우스가 한쪽 눈썹을 추켜세우며 이리스를 쳐다보았다.

"가치 있는 일이라고요? 정말요? 고맙습니다!"

이리스는 생각지도 않은 칭찬을 받고 어안이 벙벙했다.

'그런데 칭찬이 맞긴 한 걸까? 자신이 없네.'

이리스는 얼른 한마디 덧붙였다.

"아, 그리고 조준법도 연습할게요."

이리스는 자신의 능력을 제우스가 눈여겨보고 있었다는 사실에 놀라고도 마음이 설렜다.

'어쩌면 그저 교장 선생님이 워낙 실력 있는 분이라서 이런저

런 일을 다 눈여겨보고 있는 건지도 몰라. 제우스 신 앞에서 비밀이란 게 있을 수 없지.'

그 생각을 하자 이리스는 가방에 넣어 둔 편지가 떠올랐다. 지금 헤라의 비밀 편지가 이리스의 무릎 위에 떡하니 올라와 있는 셈이었다.

'아, 아까 자리에 앉을 때 왜 가방을 의자 밑에 밀어 넣을 생각을 못했을까!'

제우스가 계속 말을 이으려는지 입을 열었다. 아마 자기처럼 성미가 불같고, 번개를 무기로 휘두르는 신한테 무지개를 던지는 게 얼마나 위험한 일인지에 대해 한바탕 강의를 펼칠 작정인 듯했다. 해서 이리스가 냉큼 먼저 말을 꺼냈다.

"사실 전 그동안 교장 선생님께 제 무지개에 대해 말씀드릴 기회가 오길 바라고 있었어요."

이리스는 그 말을 하면서 가방을 무릎 한쪽으로 슬며시 밀었다. 의자 아래쪽 바닥으로 슬쩍 떨어뜨릴 작정이었다. 그러나 오히려 제우스의 눈길만 끄는 꼴이 되고 말았다. 이리스는 아래를 내려다보고 경악했다. 헤라의 편지가 가방 밖으로 반쯤 튀어나와 있었다. 제우스도 그걸 보더니 두루마리 편지 바깥쪽에 씌어 있는 이름에서 눈길을 떼지 않았다.

"저건 딱 헤라의 글씨인데."

제우스가 파란 두 눈을 찡그리며 물었다.

"케익스가 누구냐?"

이리스는 당황해서 뒤로 물러나듯 의자에 등을 딱 붙였다.

"아, 음, 네. 이 편지는 헤라 님 부탁으로 제가 불멸 쇼핑센터에 배달하려는 거예요. 그런데 케익스가 누구인지는 저도 몰라요."

이어 이리스는 속으로 중얼거렸다.

'솔직한 게 최선이겠지? 내가 잘못된 일을 한 것도 아니잖아.'

제우스의 근육질 팔뚝에서 전류가 파지직 일면서 작은 불꽃이 파팍 튀었다. 제우스의 심기가 불편하다는 신호였다. 이리스의 행동에서 느껴지는 불안한 기색을 읽고서 의심이 들기 시작한 모양이었다!

"헤라의 편지면 나한테 주렴. 내가 대신 배달해 주마."

이리스는 제우스의 목소리에서 음흉한 속내를 느낄 수 있었다. 제우스가 자리에서 반쯤 일어나 편지를 집으려 하자, 이리스가 얼른 가방을 의자 밑으로 밀어 넣었다.

'맙소사, 내가 뭘 한거지? 하지만 이 두루마리 편지에는 비밀이 씌어 있고, 남의 비밀은 잘 지켜 줘야 하는 법이야.'

이리스는 계속 이렇게 당돌하게 굴다가는 전기 구이가 될 수도 있다는 걸 알면서도 자세를 똑바로 고쳐 앉은 채 제우스를 바라보며 또박또박 말했다.

"헤라 님께서 제게 맡기셨으니, 제가 직접 전할 게요."

제우스는 깜짝 놀란 표정으로 다시 자리에 앉아 이리스를 찬찬히 바라보았다. 이리스란 아이를 새롭게 보게 된 듯했다. 이어 제우스가 붉은 수염을 쓰다듬으며 말을 꺼냈다.

"특출할 정도로 믿음직스러운 녀석이구나."

제우스는 한순간 책상 위의 지도를 곁눈질하더니 다시 이리스를 평가하는 듯한 눈으로 바라보았다.

"잠시 후에 난 약속이 있어서 나가 봐야 한다. 그런데 내가 떠나 있는 사이에 완수해야 할 특별 임무가 있어. 특별히 믿음직스러운 학생한테만 그 임무를 맡길 수 있지. 어떠냐? 네가 해 보겠느냐?"

이리스는 어깨를 똑바로 펴고 자세를 고쳐 앉았다.

'교장 선생님이 날 믿으신다니 기분 좋은걸! 혹시 임무를 수행할 때 무지개가 필요한 걸까? 어쩌면 이건 일종의 시험일지도 몰라. 내가 남의 비밀이나 편지를 얼마나 잘 다루는지 보려고 말이야. 아, 혹시 교장 선생님이 그라이아이 선생님한테 메시지를 전해 달라고 부탁하시려는 건 아닐까? 임무가 뭔지 모르지만, 잘 해내서 내가 교장 선생님의 신뢰를 얻을 만한 아이란 걸 증명해 보이겠어.'

이리스는 열심을 내며 대답했다.

"네, 어떤 일이에요? 제게 맡겨 주세요."

"좋아. 네 임무는 어떤 물건을 구해 오는 것이다, 이시스."

"이리스요. 이시스는 이집트의 여신 이름이에요."

이리스가 제우스의 말을 바로잡았다.

얼마 전에 누가 진짜 사랑의 여신인가를 두고 아프로디테와 이시스가 싸운 적이 있기 때문에 올림포스 학교 학생이라면 누구나 이시스를 알고 있었다.

"이곳 내 방으로 물 주전자를 가져와야 해."

이리스의 지적을 듣지 못했는지 제우스가 태연하게 말을 이었다.

"들고 올 때 물 한 방울도 흘리면 안 된다."

이리스는 어리둥절했다.

'엥? 혹시 교장 선생님이 날 부른 이유가 물 심부름을 시키기 위해서였나? 아, 모르겠다. 적어도 날 전기 구이로 만들지는 않을 것 같으니 다행이지 뭐.'

"알겠어요. 전 균형 감각이 아주 좋고, 손끝도 야무진 편이거든요. 한 방울도 흘리지 않고 물 주전자를 잘 가져올 수 있을 거예요."

이리스는 대답과 함께 가방을 집어 들고서 벌떡 일어나 문으로 향했다. 올림포스 학교 분수대에도 넥타르가 채워져 있었지만, 학교 식당에 가면 요리용으로 쓰는 물과 주전자가 잔뜩 있을 터였다.

'이 식은 죽 먹기 임무를 성공하면, 무지개의 여신으로 공식 임명해 달라는 내 부탁을 들어주실 지도 몰라!'

"기다려라! 자리에 앉아!"

제우스가 버럭 소리를 질렀다.

이리스는 냉큼 자리에 다시 앉았다.

"내가 가져오라는 건 보통 주전자가 아닌 특별한 물건이야. 그 주전자에 담긴 놀라운 힘이 앞으로 다가올 어떤…… 상황을 해결하는 데 도움을 줄 거다. 소문에 따르면 불멸 쇼핑센터 안의 '뱃놀이'라는 가게에 그 물건이 있다고 하더구나. 나도 그게 정확히 어떻게 생겼는지 몰라. 하지만 보면 알 수 있을 거야. 가게에 주전자는 그것 하나밖에 없다고 하니까."

"네, 당장 갈게요!"

제우스는 이리스의 열성적인 태도에 빙그레 웃다가 다시 진지한 표정을 지었다.

"조심해서 다루도록. 그리고 오늘 이곳에서 오고 간 대화는 아무한테도 말하지 마라."

이리스는 고개를 끄덕였다. 제우스는 이제 그만 나가 보라는 몸짓을 보였다. 그러나 이리스는 궁금한 게 잔뜩 있었다.

'그 주전자가 왜 중요한 거지? 왜 갑자기 교장 선생님도 헤라 님도 비밀스럽게 일을 처리하려 하시는 걸까? 아까 엿들었던 티폰 소식도 비밀로 해야 하는 건가?'

이리스가 질문을 던지려는 순간, 히드라 선생님이 교장실 문 근처 어딘가에서 소리쳤다.

"교장 선생님, 헤라 님께서 뜰에서 기다리고 계십니다. 떠나실 시간이에요!"

그 말에 제우스가 자리에서 벌떡 일어났다. 2미터가 넘는 키 때문에 앉아 있을 때보다 훨씬 더 당당하고 위협적으로 보였.

제우스는 곧장 창문으로 달려갔다. 이리스가 앉은 자리에서도 하늘이 점점 어두워지고 저 멀리 먹구름이 몰려오는 게 보였다.

'혹시 티폰의 짓일까?'

제우스가 다시 책상으로 돌아와 그라이아이 상담실 안내 지도를 대충 둘둘 말았다. 그러고는 지도를 손에 꼭 쥐고서 엄한 눈으로 다시 한번 이리스를 쳐다보았다.

"조심해라."

이어 제우스는 벽 한쪽 모퉁이를 가리켰다. 이리스가 그쪽으로 눈길을 돌리자 군데군데 그을린 자국이 있는 액자가 아슬아슬하게 걸려 있는 게 보였다. 액자 안에는 '교장실에서 나눈 말은 교장실을 떠나지 않는다.'라는 말이 씌어 있었다.

다음 순간, 제우스가 아무 말 없이 교장실을 나섰다. 1초도 지나지 않아 히드라 선생님이 들어오더니 이리스를 교장실 밖으로 데리고 나갔다.

학교 현관 계단으로 나간 이리스는 자신을 기다리고 있던 안테이아와 마주쳤다. 다른 인간 소녀 둘도 함께였다. 한 명은 금발 머리카락을 가졌는데 사이사이에 파란색 가닥이 섞여 있었다. 이마 위의 물음표 모양 앞머리가 보여 주듯 올림포스 학교에서 가장 호기심 넘치는 아이 판도라였다. 나머지 한 명은 머리에 머리카락 대신 뱀이 자라나 있는 메두사였다.

안테이아는 이제 막 조그만 화환을 한 무더기 완성한 참이었다. 모두 합쳐 열두 개나 되는데, 화환의 크기가 아기 손목 둘레 정도 됐다.

"다 만들었다!"

안테이아가 화환을 건네자, 메두사는 활짝 웃으며 고마움을 표했다. 곁에 있던 판도라가 콧소리를 내며 탄성을 터뜨렸다.

"어머, 정말 귀엽지 않니?"

두 인간 소녀는 곧바로 자리를 떴다. 어느새 뜰에는 건물 관리 직원들이 나와서 바람 때문에 엉망이 된 자리를 치우고 있었다. 아무래도 부서진 조각상은 아예 교체를 해야 할 듯했다.

메두사는 걸어가면서 머리 위 뱀의 이름을 하나하나 불렀다.

"독사, 날쌘이, 꽈배기, 덥석이, 뱅글이, 슬금이, 올가미, 미끌이, 비늘이, 에메랄드, 스위트피, 꼬물이."

이름이 불린 뱀이 고개를 숙이면 판도라가 머리 위에 작은 화환을 씌워 주었다.

이리스가 계단을 내려가서 안테이아 곁에 다다랐을 때, 제우스가 페가수스를 타고 이리스의 머리 위 하늘을 날아갔다. 옆에는 헤라가 마법 공작새가 끄는 우아한 일인용 전차를 타고서 동행하고 있었다.

"이리스, 어떻게 됐니? 교장 선생님께······."

"무지개의 여신으로 공식 임명해 달라고 물었냐고?"

이리스는 고개를 가로저었다.

"아니, 아직 못 물어봤어. 시기가 좋지 않았거든."

이리스는 분위기를 밝게 하려고 일부러 활짝 웃었다.

"그래도 전기 구이가 되진 않았잖아!"

이어 이리스는 제우스, 헤라, 페가수스가 하늘 저 멀리 사라지는 모습을 지켜보았다. 티폰, 제우스의 특별 임무, 헤라의 비밀 편지 등으로 아직도 머릿속이 복잡하기만 했다. 이리스는 샌들을 벗으며 단짝 안테이아를 쳐다보았다.

"안테이아, 지금도 불멸 쇼핑센터에 갈 마음 있니?"

안테이아가 고개를 끄덕이자, 이리스는 현관 문 안쪽에 놓인 바구니에서 날개 샌들을 집어서 안테이아에게 건넸다. 둘은 신고 있던 샌들을 계단 한쪽에 놓고 날개 샌들을 신었다. 샌들 끈이 아이들의 발목을 휘감더니 날개를 파닥였다. 곧바로 두 소녀의 몸이 땅에서 붕 떠올랐다. 이리스와 안테이아는 몸을 약간 앞으로 기울이고서 미끄러지듯 뜰을 지나 올림포스 산을 내려갔다.

휘이이잉!

불멸 쇼핑센터까지 반 정도 갔을 때 갑자기 불어온 거센 바람 때문에 이리스와 안테이아는 하마터면 중심을 잃을 뻔했다. 둘은 넘어지지 않기 위해서 서로를 꼭 붙잡았다. 고개를 든 안테이아가 하늘을 가리켰다.

"이리스, 저길 봐! 바람의 신들 중 두 명이 저기 있어."

스무 걸음 정도 떨어진 곳에 보레아스와 제피로스가 빠른 속도로 날아가고 있었다. 둘은 날개를 가진 데다 바람을 타고 다녀서 날개 샌들이 필요하지 않았다.

이리스는 입에 두 손을 대고 소리쳤다.

"그만둬! 너희 때문에 서 있을 수가 없잖아."

제피로스가 보레아스 쪽으로 몸을 숙이고 뭐라고 말을 하자 곧바로 바람이 잦아들었다. 둘은 하늘로 더 높이 올라가서 나머지 두 형제 곁으로 갔다. 바람의 신 사 형제는 이리스와 안테이아를 훨씬 앞질러 휙 날아가 버렸다.

"설마 저 애들도 불멸 쇼핑센터에 가는 건 아니겠지?"

안테이아가 툴툴거리자, 이리스도 맞장단을 쳤다.

"설마 거기 가는 거라면 제발 우리랑 마주치지 않으면 좋겠어."

이리스는 속으로 한마디 덧붙였다.

'우린 중요한 볼일이 있단 말이야. 저 녀석들이 일을 그르치는 건 절대 용납할 수 없어!'

4
웝 웨이프

 이리스와 안테이아가 불멸 쇼핑센터 출입문 앞에 내려섰다. 둘은 날개 샌들 끈을 풀어 뒤꿈치에 달린 은색 날개에 감았다.
 불멸 쇼핑센터는 아름다운 수정 지붕이 달린 거대한 건물에 자리하고 있었다. 이리스와 안테이아는 높다란 기둥 사이에 줄줄이 자리한 가게들을 지나 안뜰로 갔다. 그러고는 시원하게 물을 뿜어내는 분수대와 그 곁을 둘러싼, 일 년 내내 꽃이 피는 진달래 꽃밭을 끼고 돌았다.
 "바람의 신 형제들은 보이지 않네."
 안테이아가 목을 쭉 빼고 사방을 둘러보며 말했다.
 "다행이다. 그 무지개 파괴자 일당은 아마 인간 세상으로 갔나 봐."

이리스와 안테이아는 얼마 전 쇼핑센터 안에 설치된 회전목마 쪽으로 걸어갔다. 회전목마에는 올림포스 학교 학생들이 좋아하는 동물을 본떠 만든 모형이 달려 있었다. 각 동물 모형마다 예쁘게 색칠이 되어 있고, 자리도 널찍해서 누구나 편안하게 회전목마를 타고 즐길 수 있었다. 디오니소스는 표범을, 아프로디테는 자신의 수레를 끄는 백조를 모델로 모형을 만들었다. 아르테미스의 전차를 끄는 하얀 사슴도 있고, 포세이돈이 만든 돌고래도 있었다. 심지어 아테나는 트로이 전쟁의 승리를 이끈 목마의 모형을 만들어 놓았다.

이리스와 페르세포네는 동물 모형을 만드는 대신 회전목마 전체 장식을 맡았다. 이리스는 무지개를, 페르세포네는 귀여운 아기 고양이와 꽃을 그려 넣었다. 환한 금색과 소용돌이 모양 장식도 잊지 않고 곳곳에 더했다.

이리스는 회전목마를 지나 카산드라의 가족이 운영하는 가게의 문을 열었다. 가게 창문에 '오라클 오 제과 서점'이라는 이름이 씌어 있었다.

문을 열고 가게에 들어서자마자 이리스와 안테이아는 킁킁 냄새를 맡았다. 계피와 설탕의 달콤하고 따뜻한 향기가 가게 안에 가득했다. 둘은 동시에 탄성을 터뜨렸다.

"호으으음."

이리스는 한마디를 더했다.

"천상의 향기가 나는걸!"

"딱 맞는 표현이야. 새로 만든 천상 예언 쿠키 향이거든!"

누군가 발랄한 목소리로 말을 걸어왔다. 이리스와 안테이아가 고개를 돌리자, 트로이의 공주 카산드라가 서점 구역에서 제과점 구역으로 걸어 들어왔다. 카산드라는 갈색 머리카락을 묶어서 예쁜 장식을 꽂고, 귀에 별과 달 모양의 귀걸이를 달고 있었다.

진열대 앞으로 간 카산드라가 천상 예언 쿠키 쟁반을 집어 들더니 이리스와 안테이아의 코앞에 내밀고 흔들었다.

"먹어 볼래? 시험 삼아 만든 거라 공짜야. 그런데 이 쿠키는 올림포스 학교에서 먹는 것처럼 예언을 말로 전하는 게 아니라 안에 예언 쪽지가 들어있어."

"우아, 신난다!"

이리스는 아직 점심을 먹지 않은 터라 기쁜 마음으로 쿠키를 집어 들었다. 그런데 안테이아가 어쩐지 머뭇거리고 서 있었다. 이리스는 팔꿈치로 안테이아를 슬쩍 찔렀다.

'아폴론 오빠가 카산드라 언니를 좋아한다고 해서 무례하게 굴면 안 되지!'

안테이아가 쿠키를 받아들자 이리스가 카산드라에게 말을 걸었다.

"아, 카산드라 언니. 전해 줄 게 있어요."

이리스는 가방에서 아폴론의 두루마리 편지를 꺼내어 카산드라에게 전했다.

카산드라는 들뜬 얼굴로 쟁반을 내려놓더니 유리 진열장 위에 두루마리 편지를 펼쳤다.

"어머, 자상하기도 해라."

카산드라가 중얼거렸다.

"다음 주 금요일에 학교가 하루 휴교를 하거든. 아폴론이 그날 함께 트로이에 가서 거기 있는 우리 가족을 만나지 않겠냐고 물었어. 아폴론은 정말 배려심이 깊다니까!"

카산드라는 두루마리 편지를 자세히 살펴보더니 다시 말을 꺼냈다.

"편지지 가장자리 장식이 정말 예쁘다. 누가 그린 거지?"

"이리스요."

안테이아가 쌀쌀맞게 대꾸했다. 이리스는 안테이아의 냉랭

한 말투를 무마하기 위해 한층 더 상냥한 목소리로 말했다.

"마음에 들어서 다행이에요."

그러고 나서 이리스는 천상 예언 쿠키에서 예언 쪽지를 꺼내다가 깜짝 놀랐다. 쿠키 안에서 예언 쪽지가 두 개나 나왔기 때문이었다.

"어머, 이리스. 이중 예언을 받았구나."

카산드라가 박수를 짝 치며 말했다.

"운이 두 배로 좋은 거야."

이리스는 두 개의 쪽지를 얼른 펴서 읽어 보았다.

"흠. 이거 언니가 만든 오라클 반사 쿠키예요? 그럼 여기 씌어 있는 예언을 반대로 믿으면 되는 거죠?"

오라클 반사 쿠키는 카산드라가 직접 생각해 낸 상품이었다. 오래 전 아폴론이 실수로 건 저주 때문에 카산드라의 예언은 모두 반대로 이루어졌다. 아폴론은 결국 그 저주를 되돌리지 못했고 대신 카산드라와 아테나가 기발한 해결책을 생각해 냈다. 쿠키가 전하는 예언의 내용을 반대로 믿는 것이었다.

"응, 오라클 반사 쿠키야. 왜?"

카산드라가 되묻자, 이리스가 큰 소리로 예언을 읽었다.

"첫 번째 예언은 '당신은 말썽에 휘말리지 않을 거예요.'라고 씌어 있거든요. 이 말은 곧 제가 말썽에 휘말리게 된다는 거잖아요. 두 번째 쪽지는 좀 나아요. '새로운 아이를 좋아하지 않을 거예요.'라고 씌어 있어요."

"어머, 말썽에 휘말린다는 건 안됐지만 그래도 좋아하는 아이가 생길 거라는 건 괜찮은 일이잖아, 그치?"

그러자 안테이아가 불쑥 끼어들었다.

"난 예언 쪽지가 하나만 들어 있는데 이리스가 말한 두 번째 쪽지 내용이랑 똑같아요. '새로운 아이를 좋아하지 않을 거예요.'래요. 그런데 전 새로운 누군가를 좋아하게 되길 바라지 않아요. 지금 좋아하는 이가 있고, 그걸로 행복해요."

안테이아는 카산드라를 미심쩍은 눈으로 바라보았다. 혹시 자신이 아폴론을 짝사랑하는 걸 막으려고 일부러 그 예언이 든 쿠키를 준 게 아닐까 생각하는 눈치였다. 그러나 카산드라는 아무런 반응도 보이지 않았다. 안테이아가 아폴론을 좋아하는 것조차 모르고 있었다.

'아, 안테이아가 이제 그만 아폴론 오빠를 포기해야 할 텐데.'

이리스는 속으로 한숨을 푹 쉬었다. 모든 상황이 아니라는 걸 보여 주는 데도 안테이아는 언젠가 아폴론도 자신을 좋아하게 될 거라고 확신하고 있는 듯했다.

"아, 카산드라 언니. 케익스라는 사람을 알아요?"

이리스는 대화의 주제를 바꾸려고 일부러 질문을 던졌다.

"그럼! 케익스 아저씨랑 알키오네 아주머니는 불멸 쇼핑센터에서 뱃놀이란 가게를 운영하고 있어."

카산드라는 아폴론에게 보내는 답장을 써서 이리스에게 건네고는 쇼핑센터 반대편 끝을 가리켰다.

"뱃놀이요? 이런 우……."

이리스는 '우연의 일치'라고 말하려다가 급히 말을 멈추었다. 헤라의 편지를 받을 사람이 하필 제우스가 가져오라는 주전자 가게 주인이라니, 정말 신기한 일이었다. 그러나 이리스는 임무를 비밀리에 수행해야 했다.

"우리가 할 고생을 언니가 싹 덜어 주었네요. 고마워요!"

이리스는 카산드라의 답장을 헤라의 편지 옆에 밀어 넣었다. 그러고는 안테이아와 함께 제과점을 나와서 카산드라가 가리킨 방향으로 걸음을 뗐다. 가는 길에 이리스는 온갖 가게의 진열장을 보며 계속 감탄사를 늘어놓았다. 안테이아가 그중 한 곳에 들어가기를 바라서였다. 그래야 혼자 뱃놀이에 가서 헤라의 편지를 전하고, 제우스가 맡긴 비밀 임무도 수행할 수 있을 테니 말이다.

'부디 주전자가 가방 안에 들어가는 크기에, 물이 새지 않는 디자인이어야 할 텐데. 그래야 안테이아 몰래 숨겨서 돌아갈 거 아냐!'

아라크네의 바느질 가게 앞을 지날 때 이리스는 진열장 안의 알록달록한 리본을 가리켰다. 안테이아의 화환에 함께 엮어 넣으면 예쁠 것 같았다. 그러나 뜻대로 되지 않았다. 클레오의 화장품 가게 앞을 지날 때 둘은 보라색 머리카락에, 눈이 셋 달린 주인 클레오에게 손을 흔들어 인사를 건넸다.

"어머, 안테이아. 저 립글로스 색깔 너한테 정말 잘 어울릴 것 같아."

이리스가 진열된 화장품을 가리키며 탄성을 터뜨렸다.

"들어가서 한번 발라……."

"순 엉터리 예언이었어."

안테이아가 툴툴거리며 이리스의 말을 끊었다.

이리스는 놀라서 단짝의 얼굴을 말똥말똥 쳐다보았다.

'맙소사, 여태 그 예언을 곱씹고 있었던 거야?'

"운이 좋다고?"

안테이아는 콧방귀를 끼며 말을 이었다.

"내 생각은 달라. 이중 예언은 카산드라 언니가 쿠키를 얼마나 무성의하게 만들었는지 드러내는 증거일 뿐이야. 그냥 실수로 쿠키 하나에 예언 쪽지를 두 개 넣은 것뿐이지 뭐."

"음……."

이리스는 안테이아의 심술에 맞장단을 치고 싶지 않았다.

'아마 질투가 나서 저러는 걸 거야. 지금 안테이아의 오라가 연녹색으로 변했잖아.'

목적지에 가까워질수록 이리스는 안테이아가 자신의 뜻을 눈치채지 못하고 뱃놀이 가게까지 따라올까 봐 걱정이 들었다.

그때 갑자기 안테이아가 외쳤다.

"어머! 진짜 귀엽다!"

안테이아는 '데메테르의 데이지, 수선화, 그리고 꽃이 주는 기쁨'이란 가게의 진열장을 넋을 놓고 바라보았다. 페르세포네의 엄마가 운영하는 꽃집이었다. 페르세포네가 엄마를 닮아 꽃에 관심이 많고 올림포스 학교 학생 중에서 식물을 가장 잘 키우지만, 안테이아도 둘째가라면 서러울 정도로 실력이 좋았다. 하지만 안테이아는 꽃, 양치식물, 산딸기, 나무 열매 등을 이용해서 다양한 화환을 만드는 데 더 관심이 많았다.

이리스는 팔꿈치로 안테이아를 쿡 찔렀다.

"들어가 봐. 네가 구경하는 동안 난 카산드라 언니가 말한 뱃놀이란 가게에 가서 케익스 씨한테 헤라 님의 편지를 전해 주고 올게. 볼일을 마치면 너도 그리로 와. 거기서 만나자.”

"알았어.”

안테이아가 드디어 가게 안으로 들어갔다.

'휴!'

이리스는 서둘러 케익스 씨를 찾아 나섰다. 안테이아가 오기 전에 헤라의 편지도 배달하고 주전자도 찾아야 했다. 서두르지 않으면 제우스가 맡긴 비밀 임무를 안테이아한테 설명해야 하는 수가 있었다. 다행히 '매직 콰직'이란 가게를 지나자 '뱃놀이'라고 씌어 있는 파란 문이 나왔다.

문을 열고 안으로 들어선 순간, 이리스는 입이 떡 벌어졌다. 가게 안에 커다란 호수가 자리하고 있기 때문이었다! 이리스는 호수에 떠 있는 배로 연결되는 건널 판자 위에 서 있었다.

"우아!”

이리스는 얼른 난간을 붙잡았다. 사실 난간이라고 해 봐야 건널 판자 양옆에 허리 높이의 기둥을 세우고, 기둥 사이를 굵은 밧줄로 연결한 것뿐이었다. 호수에는 온갖 물고기들이 신나게 헤엄치고, 하늘에는 새들이 날아다녔다. 지붕에 채광창이 뚫려 있어서 새들이 마음대로 가게를 드나들 수 있는 모양이었다.

건널 판자가 끝나는 호수 한가운데에는 나무로 만든 돛단배 한 척이 떠 있었다.

'저기가 진짜 가게인가 봐.'

이리스는 밧줄 난간을 단단히 잡고 흔들대는 건널 판자를 지나 가게 입구로 갔다. 출입문이 이리스의 키보다 조금 낮아서 이리스는 몸을 숙이고 들어갔다. 가게 안에는 벽을 따라 선반이 줄줄이 달려 있고, 새 모이 자루, 물고기 밥 상자, 반려동물용 장난감과 약이 쌓여 있었다. 보아하니 뱃놀이는 반려동물 용품 가게인데 주로 새와 물고기에 관한 물건들을 파는 것 같았다.

"계세요?"

이리스가 소리쳤다.

"케익스 아저씨? 알키오네 아주머니?"

아무런 대답도 들리지 않았다. 이리스가 선반을 쭉 살펴봤지만 주전자 비슷하게 생긴 물건은 어디에도 보이지 않았다.

이리스가 어떻게 해야 할지 고민하고 서 있는데, 새 두 마리가 가게 안쪽 계산대에 내려앉았다. 두 마리 다 머리와 날개는 청록색, 배는 주황색 깃털로 덮여 있고, 두 발은 빨갰다. 둘은 유난히 길고 뾰족한 부리를 열어 서로에게 끊임없이 지저귀더니 갑자기 사람의 말을 하기 시작했다.

"제우스, 자기야. 앵무새 모이 주문했죠?"

몸집이 조금 더 작은 새가 물었다.

"그럼요, 헤라 내 사랑, 잊지 않고 주문해 놓았어요."

몸집이 더 큰 새가 대답하더니 부리로 깃털 손질을 하며 한껏 멋을 부렸다.

이리스는 도저히 참을 수가 없었다. 키득키득 웃음이 터져 나왔다.

'새 한 쌍이 서로를 제우스와 헤라라고 부르다니 이게 웬일이람? 게다가 둘이 나누는 대화는 또 어찌나 이상한지!'

이리스의 웃음소리에 놀란 새들이 꽥꽥 울더니 곧바로 인간의 모습으로 변신했다. 둘 다 주황색 깃털 장식이 달린 튜닉을 입고, 청록색 머리카락을 이마부터 뒷목까지 부채처럼 펼쳐 세우고 있었다. 흔히 모히칸 스타일이라고 부르는 머리 모양과 비슷했다.

"어떤 물건을 찾고 있니?"

남자가 고개를 갸웃하더니 한쪽 눈으로 이리스를 보았다.

"혹시 이 가게 주인이세요? 전 올림포스 학교 학생 이리스라고 해요. 케익스라는 분을 찾아왔어요."

"날 찾아왔다고?"

남자는 머리를 반대쪽으로 갸웃하더니 다른 한쪽 눈으로 이리스를 쳐다보았다. 그러더니 새처럼 깡충 뛰어서 앞으로 다가왔다.

"내가 물총새 케익스란다."

"난 알키오네라고 해."

여자가 머리를 양쪽으로 갸웃갸웃하며 말했다.

"그런데 왜 두 분은 서로를 제우스와 헤라라고 부르세요?"

이리스는 고개를 한쪽으로 기울였다가 얼른 자세를 고쳤다. 무의식중에 두 새, 아니, 변신 능력을 가진 인간이 고개를 갸웃갸웃하는 동작을 따라 하고 있었다.

"아!"

케익스가 멋쩍은 듯 대답했다.

"그냥 서로에게 붙인 애칭일 뿐이야."

알키오네가 고개를 재빨리 끄덕였다.

"제우스 님과 헤라 님이 서로를 사랑하며 얼마나 행복하게 지내시니. 딱 우리처럼 말이야."

알키오네는 케익스와 행복에 젖은 미소를 주고받았다.

이리스는 두 사람한테서 환한 노란색 오라를 보았다.

'두 사람 말은 사실이야. 원앙새 부부도 이 둘을 부러워할 것

같은데?'

케익스가 뭔가 퍼뜩 생각난 듯 말을 덧붙였다.

"아, 물론 넌 우리 진짜 이름을 불러도 돼. 애칭은 둘이서만 쓰거든. 신에게 경의를 바치는 뜻으로 말이야."

이리스는 제우스가 이 말을 들었을 때 과연 어떻게 받아들일지가 의문스러웠다. 제우스는 몇몇 문제에 대해 아주 까다롭게 굴었다. 케익스와 알키오네가 제우스와 헤라의 이름을 서로의 애칭으로 사용하는 것도 그에 해당했다.

"헤라 님께서 이걸 전해 달라고 하셨어요."

이리스는 가방에서 두루마리 편지를 꺼내어 케익스에게 건넸다. 그러자 케익스는 편지를 받아들고서 어리둥절한 표정으로 알키오네를 쳐다보았다.

"내게 직접 주면 될 것을 뭐하러 배달 부탁한 거예요?"

알키오네는 고개를 갸웃하며 목청을 높였다.

"난 저 두루마리 편지를 쓴 적도, 본 적도 없어요!"

하는 수 없이 이리스가 끼어들었다.

"이 편지는 '진짜' 헤라 님이 보내신 거예요."

"아, 난 여기 내 옆에 있는 헤라가 보낸 편지인 줄 알았어. 진작 그렇게 말하지 그랬니?"

케익스는 계산대 위에 두루마리 편지를 펼치고서 왼쪽 눈으로 읽기 시작했다.

"얘야, 과자 먹을래?"

알키오네가 이리스에게 말을 걸었다. 이리스가 눈길을 돌려 보니 알키오네가 새 모이가 가득한 그릇을 들고 있었다.

"전 됐어요, 고맙습니다. 배가 안 고파요."

그런데 바로 그 순간 안타깝게도 이리스의 배에서 꼬르르륵 소리가 울려 퍼졌다. 이리스는 부디 알키오네가 그 소리를 못 들었기를 바랐다. 사실 엄청나게 배가 고프지만 새 모이를 먹고 싶지는 않았다. 그렇다고 알키오네의 기분을 상하게 하고 싶지도 않았다.

"허허, 이런 곤란한 일이!"

케익스가 근심 어린 목소리로 지저귀며 아내와 이리스의 주의를 끌었다. 케익스는 머리를 끄덕이며 손가락으로 두루마리 편지를 톡톡 두드렸다.

"여보, 헤라 님이 경고를 보내 왔어요. 우리가 쓰는 애칭에 대해서 소문을 들으신 모양이에요. 제우스 님이 그 사실을 알면 진노하실 거라는군요. 어쩌면 내가 제우스 님 행세를 하려 한다고 여길 수도 있대요. 아니면 내가 헤라, 그러니까 당신 말고 제우스 님의 아내인 진짜 헤라 님을 짝사랑한다고 생각할지도 모른다는군요."

"어머나, 세상에! 이제 어떻게 하면 좋죠?"

알키오네가 꽥꽥 소리를 질러 대는 통에 이리스가 내뱉은 헉 소리는 들리지도 않았다.

"우리 이름을 공식적으로 헤라와 제우스로 바꿉시다. 그러면 제우스 님이 화를 내지 못할 거예요."

케익스가 아이디어를 내자, 알키오네가 탄성을 터뜨렸다.

"자기야, 정말 좋은 생각이에요."

'엉?'

이리스는 황당했다.

'맙소사, 그런 방법이 통할 거라고 믿는 건가?'

이리스는 서둘러 새로운 아이디어를 놓았다.

"차라리 헤라 님께 편지를 보내서 더 이상 그 애칭을 쓰지 않겠다고 약속드리는 건 어떨까요?"

이번에도 알키오네가 탄성을 터뜨렸다.

"어머나, 그게 더 좋을 것 같아!"

"복잡한 서류 절차를 거치지 않아도 되고 말이야."

케익스는 서둘러 빈 두루마리 편지지에 헤라에게 보내는 답장을 쓴 뒤 이리스에게 건넸다.

"얘야, 헤라 님께 이 편지를 전해 줄 수 있겠니?"

"그럼요."

이리스는 더 큰 문제가 발생하지 않도록 기꺼이 도울 작정이었다.

"자, 서둘러야지. 어서 날아가렴."

알키오네가 두 팔로 날갯짓을 해 보였다.

그때 이리스는 안테이아가 건널 판자를 지나 배 쪽으로 다가오는 모습을 보았다. 자칫하면 안테이아한테 주전자 임무를 들킬 수도 있었다.

"그 전에 한 가지 볼 일이 더 있어요."

이리스는 서둘러 말을 꺼냈다.

"어떤 물건 하나를 받아가야 해요. 제우스 교장 선생님께서 특별한 주전자를 찾고 계세요."

"주전자라면 기억나는 게 하나밖에 없는데. 날치기 녀석들한테서 산 건데, 마개가 달린 근사한 주전자지."

케익스의 말에 알키오네가 끼어들었다.

"그 하피 자매한테서 물건을 사다니, 우리가 어리석었어요. 그 아가씨들은 매번 우리를 속이잖아요."

이리스는 속으로 이를 벅벅 갈았다. 알키오네가 말한 하피 자매란 이리스의 언니들이 분명했다. 이리스의 언니들은 불멸 쇼핑센터에서 카페를 운영했다. 하지만 아직도 시간이 날 때마다 주워다 팔 만한 물건을 찾아서 천상과 인간 세상을 돌아다녔다.

'언니들이 주웠다고 하는 물건이 실은 임자가 있었다는 게 문제야! 그건 다른 말로 하면 도둑질이잖아!'

케익스가 다시 말을 이었다.

"맞아, 이제 기억나는군. 주전자 값으로 깃털 빗을 주었잖아."

"좀 볼 수 있을까요?"

이리스가 안달을 내며 물었다. 그러자 알키오네가 고개를 절레절레 흔들었다.

"오늘 아침에 스틱스 여신한테 줬어. 물고기 사료를 사러 왔다가 그 주전자를 봤지. 알고 보니 하피 자매가 그분한테 훔친 물건이었더라고."

이리스의 눈이 휘둥그레졌다.

"스틱스 여신이요? 스틱스 강을 지키는 스틱스 여신 말이에요? 인간 세상과 지하 세계의 경계를 짓는 스틱스 강을 말하는 거 맞죠?"

부부가 동시에 고개를 끄덕이더니 케익스가 대답했다.

"훔친 물건이라서 주인에게 돌려줄 수밖에 없었어."

'오, 이런!'

이리스는 속으로 탄식했다. 지하 세계는 어둡고 축축할 뿐 아니라 섬뜩하고 위험하기까지 한 곳이었다. 대부분의 올림포스 학교 학생들이 그렇듯 이리스는 지금까지 한 번도 그곳에 발을 들인 적이 없었다.

'가 보고 싶지도 않아!'

이리스가 보기에 올림포스 학교 학생 중에서 늘 우울한 분위기를 풍기는 하데스란 오빠가 있었다. 지하 세계를 관장하는 신 하데스는 늘 다른 아이들에게 되도록 지하 세계를 멀리하라고 경고했다.

"이리스! 무슨 이야기를 그렇게 열심히 나누고 있니?"

안테이아가 출입문 안으로 고개를 쏙 들이밀며 물었다.

케익스와 알키오네, 이리스가 입을 모아 동시에 외쳤다.

"별 거 아냐."

5 헝그리 헝그리 해피 카페

안테이아와 함께 학교로 돌아가던 이리스는 마법 선물을 파는 선물 가게 앞에서 걸음을 멈추고서 진열장을 들여다보았다. 주전자를 어떻게 가져가야 할지 생각할 시간이 필요했기 때문이었다. 진열장 안에는 얇은 종이로 만든 장식용 종, 멋진 장식이 달린 흰색 선물 상자 등이 아름답게 진열되어 있었다.

"어머, 저거 예쁘다."

안테이아가 은으로 만든 다기 세트를 가리켰다. 안테이아의 말이 떨어지기가 무섭게 다기 세트 옆에 놓여 있는 장식용 상자 뚜껑이 열렸다. 그러더니 상자에서 용수철 인형 하나가 툭 튀어나왔다. 인형은 하얀색 튜닉을 입고 목에 검정 나비넥타이를 매고 있었다.

이리스는 진열장을 쳐다보며 시간을 끌었지만 결정을 내릴 수가 없었다.

'오늘 당장 지하 세계로 가서 스틱스 여신을 만나야 하는 걸까? 지금 간다고 해도 도착할 때쯤이면 해가 질지도 몰라. 그나저나 스틱스 여신은 어디에 살까? 뭐, 흙탕물이 길게 굽이치는 스틱스 강 어디쯤이겠지.'

이리스는 스틱스 강에 갈 생각에 온몸에 소름이 쫙 끼쳤다.

'하지만 제우스 교장 선생님을 실망시킬 수 없어.'

이리스는 용수철 인형이 자신을 빤히 쳐다보고 있다는 걸 깨달았다. 진열된 상품에 대해 어서 물어보길 바라는 눈치였다.

"우린 그냥 구경만 할 거야."

용수철 인형이 실망한 듯 다시 상자 안으로 들어가자 뚜껑이 저절로 탁 닫혔다.

"이리스, 무슨 일 있어?"

다시 걸음을 떼기 시작했을 때 안테이아가 물었다.

"이리스, 속상한 일 있니? 뭔가 속상한 듯 보여. 케익스 씨 가게에서 무슨 일 있었어? 헤라 님의 편지에는 뭐라고 씌어 있었던 거니?"

"아, 그게……."

이리스는 안테이아를 어정쩡하게 쳐다보며 말문을 열었다. 솔직히 케익스 씨와 있었던 일에 대해 전혀 이야기하고 싶지 않았다. 조금이라도 정보를 흘렸다간 제우스가 맡긴 비밀 임무에 대한 질문까지 이어질 수도 있었다.

"거기 잠깐만!"

이리스가 말을 하려는 순간 누군가가 뒤에서 소리쳤다. 고개를 돌려 보니 제피로스가 다가오고 있었다. 그런데 지금은 세찬 강풍은커녕 한 줄기 미풍조차 불지 않았다.

"너 아까 올림포스 학교에서 만났던 애 아냐? 이름이 이리스였는데."

제피로스가 이리스에게 말을 걸었다.

"알록달록한 펜 세트를 가지고 다니고, 하피랑 자매지간인 아이 맞지? 아까 행정실에서 마주쳤잖아."

이리스는 놀라서 흡 하고 숨을 들이마셨다.

"아냐! 아, 그러니까 내 말은, 맞아, 난 이리스야. 하피랑 자매지간인 거 맞아. 하지만 난 하피가 아니야."

이리스는 제피로스에게 이 말을 할 기회가 와서 내심 반가웠다. 그리고 제피로스가 자신의 이야기를 형제들에게 전해 주었으면 하고 바랐다. 물론 이리스는 언니들을 사랑했다. 그러나 언니들은 도둑질과 상대를 분통 터지게 만드는 습성 때문에 악명이 높았다. 이리스도 언니들 때문에 화가 치미는 때가 한두 번이 아니었다. 그래서 언니들의 못된 행동을 따라 하는 일이 없도록 늘 조심했다.

"하피 자매의 카페에 앉아 있다가 네가 지나가는 걸 봤어. 네 언니들이 지금 카페에서 말썽을 일으키려 한다는 걸 알려 주려고 말이야."

'말썽을 일으키려 한다고?'

이리스는 기분이 확 상했다.

'사돈 남 말 하시네. 그래, 우리 언니들이 완벽하지는 않아. 아니, 그 근처에도 못 가지. 하지만 사 형제들도 썩 예의 바르지는 않잖아? 특히 보레아스는 더 하지.'

이리스는 쌀쌀맞게 되물었다.

"무슨 말썽? 설마 음식을 집어던지며 싸우고 있는 건 아니겠지?"

"아직 그 정도는 아닌데, 네 언니들이 손님들 음식을 훔치, 아니 빌리고 있어."

"오, 안 돼!"

이리스는 언니들이 운영하는 '헝그리 헝그리 하피 카페'에서 오랜 시간을 지내 보았기 때문에 지금 무슨 일이 벌어지고 있는지 눈에 훤했다. 이리스는 그대로 휙 돌아서서 달리기 시작했다. 안테이아와 제피로스도 곧바로 뒤를 따랐다. 잠시 후 이리스는 언니들의 카페 앞에 도착했다. 헝그리 헝그리 하피 카페의 출입문은 이중문으로 되어 있고, H 모양의 근사한 문고리가 달려 있었다. 이리스는 문을 열고 카페 안으로 들어섰다.

카페 안에는 지난 세월 동안 하피들이 골라 모은 중고 물품이 가득했다. 물론 그중에는 하피 자매가 훔친 것도 있었다. 하피 세 자매는 카페 벽을 비롯해 천장에까지 훔친 물건들을 떡하니 장식해 두고 있었다. 오래된 바이올린, 녹슨 농기구, 종이부채, 반짝이는 모조 보석, 그리고 한때 불멸의 존재들이 지니고 있었을 만한 물품도 간간이 보였다.

계산대 뒷벽에는 〈십대들의 두루마리〉 잡지와 〈주간 그리스 신문〉 지난 호가 든 액자가 스무 개도 넘게 걸려 있었다. 모두 머리기사에서 중요한 사건을 다루고 있거나, 기사 제목의 표현이 거칠거나 내용이 재미있는 것들이었다. 예를 들면 '제우스, 헤라와 결혼 발표!'라든가 '태양 전차 추락, 불바다가 된 세상!', '말썽 거품, 올림포스 학교를 뒤엎다!' 같은 것들이었다.

이리스는 곧바로 제피로스가 염려하던 일이 무엇이었는지 알게 됐다. 가죽 여행 가방으로 만든 의자가 주르륵 놓여 있는 카운터 앞 자리에 한 노인이 앉아 있었다. 그런데 그 노인은 누가 채어 가기라도 할까 봐 걱정스러운 듯이 그릇과 순가락과 포크를 꼭 움켜 쥔 채 씩씩대고 있었다.

'어휴, 저럴 만도 해!'

이리스의 세 하피 언니 아엘로, 켈라이노, 오키페테가 가까운 곳에 나란히 서서 노인을 뚫어져라 쳐다보고 있었다. 얼굴 생김새는 네 자매 모두 비슷하지만 이리스는 날개가 연약한 데 비해 언니들의 날개는 크고 튼튼했다. 때문에 언니들은 하늘을 자유롭게 날 수 있었다.

이리스가 다가가는 사이, 노인이 갑자기 주먹을 쾅 내리쳤다. 그 바람에 계산대가 움푹 찌그러졌다. 계산대에는 또 다른 손님들이 만들어 놓은 듯한 자국이 이미 잔뜩 있었다.

"내가 주문한 점심 특선 요리를 내 앞에서 벌써 두 번이나 훔쳐 갔지!"

노인이 하피 자매를 향해 버럭 소리를 질렀다.

"내 음식을 어떻게 한 거야? 도로 내놔!"

"이런, 피네아스 할아버지, 착각하신 거예요."

아엘로가 콧소리를 내며 알랑방귀를 뀌었다.

한편 켈라이노는 피네아스가 보고 있지 않은 틈을 타서 냅킨을 교묘하게 바꿔치기 하고서 말했다.

"저희가 점심 특선 요리를 내어 드렸고, 할아버지께서 다 드셨잖아요. 그저 기억을 못하시는 것뿐이세요."

오키페테도 거들고 나섰다.

"공짜로 한 번 더 드시겠다고 하면 저희가 곤란하죠. 요리 값을 치르시면 모를까."

"뭐? 내가 왜 또 돈을 내? 너희들이 훔쳐 간 두 요리 값이나 돌려줘."

피네아스가 오키페테와 옥신각신하는 사이, 아엘로가 뒤에서 슬그머니 다가와 피네아스의 찻잔을 낚아챘다. 그러더니 피네아스가 알아차리기 전에 차를 냉큼 마셔 버리고서 도로 내려놓았다.

잠시 후 피네아스는 차를 마시려다가 잔이 텅 빈 걸 보고 노발대발했다.

"이 녀석들! 내 차를 어떻게 한 거야?"

"못 말릴 도벽 환자들이로군."

보레아스가 툴툴거렸다. 보레아스는 노토스, 에우로스와 함께 칸막이가 있는 자리에 앉아 있었는데 거리가 멀지 않아서 이리스의 귀에도 그 말이 들렸다. 제피로스와 안테이아도 근처에 있었다.

이리스는 보레아스를 매섭게 노려보았다. 하지만 보레아스의 말은 사실이었다. 이리스의 언니들은 늘 손님한테 내어 준 음식을 다시 빼돌리는 짓을 벌였다.

피네아스가 자리에서 일어서자, 켈라이노가 계산서를 턱 하니 내밀었다. 그러자 피네아스가 계산서를 벅벅 구겨서 던지며 소리쳤다.

"말했잖아. 먹지도 않은 음식 값을 왜 내? 절대 못 내."

제피로스가 예상했던 대로 큰 싸움이 벌어질 찰나였다. 이리스는 얼른 소리쳤다.

"할아버지, 걱정 마세요. 제가 해결할게요!"

이리스는 여름방학마다 거의 카페 일을 도왔다. 그래서 언니들이 말썽을 일으킬 때에는 어떻게 처리해야 하는지 잘 알고 있었다. 이리스는 환하게 웃으며 주방으로 달려갔다가 잠시 후 투명 용기에 음식을 포장해서 가지고 나왔다.

"할아버지, 이거 받으세요. 주문하셨던 메뉴랑 똑같은 거예요. 선물로 드리는 거니 돈은 내지 않으셔도 돼요."

"무슨 소리야, 돈을 내야지."

아엘로가 발끈하자, 켈라이노도 짜증을 부렸다.

"너무 많이 줬잖아."

오키페테는 이리스가 들고 있는 포장 용기로 손을 쓱 뻗었다.

"음식이 상하지 않았는지 확인하게 맛 좀 보자."

이리스는 언니들을 무시하고서 피네아스한테 포장 음식을 건넸다. 그러고는 카페 입구까지 배웅하고서 밝은 목소리로 외쳤다.

"고맙습니다! 또 오세요!"

피네아스가 떠난 뒤, 이리스는 카페에 있는 모든 손님이 입을 떡 벌리고서 자신과 언니들을 쳐다보고 있다는 걸 깨달았다. 그런 눈길과 마주치면 정말이지 땅속으로 꺼져 버리고 싶었다.

'하아, 언니들 때문에 창피해 죽겠어!'

이리스는 언니들을 나무라려고 입을 열었다. 지금까지 이런저런 핀잔을 천 번도 더 준 것 같았다. 그런데 문득 카페 벽에 걸려 있는 아기 옷이 든 액자가 눈에 띄었다.

'어, 저게 뭐지?'

이리스는 액자를 들여다보다가 깜짝 놀라서 헉하고 숨을 들이쉬었다. 그 옷은 그저 낡은 아기 옷이 아니었다. 액자에 붙어 있는 설명에는 제우스가 생후 6개월쯤 되었을 때 입던 아기용 튜닉으로 추정된다고 써 있었다. 실제로 튜닉 곳곳에 그을린 자국이 있었다. 하지만 언니들의 습성을 고려해 볼 때 과연 이 옷과 설명이 진짜인지 믿을 수가 없었다.

"언니들, 주방에서 얘기 좀 해."

이리스가 단호하게 말하자 언니들이 고분고분 주방으로 들어갔다. 이리스도 뒤를 따랐다. 솔직히 이리스는 자신이 막내가 아니라 맏이처럼 느껴질 때가 한두 번이 아니었다.

"언니들이 스틱스 여신한테서 주전자를 훔쳤어?"

손님을 그런 식으로 대하지 말라는 잔소리는 아예 하지도 않았다. 지금까지 경험으로 봤을 때 말해 봐야 소용없다는 걸 잘 알고 있기 때문이었다.

하피 언니들은 이리스의 질문에 기분이 상한 듯했다.

"훔치다니?"

아엘로가 되물었다. 덩달아 켈라이노까지 콧방귀를 뀌더니 천연덕스럽게 말했다.

"우린 지금까지 도둑질 같은 건 한 번도 한 적이 없어. 그저 주인 없는 물건을 주워서 새 자리를 찾아 준 것뿐이야."

켈라이노는 항상 나쁜 행동을 최대한 그럴 듯하게 꾸며 넘어

가려 했다.

"막내야, 넌 맨날 우리 탓만 하는구나."

오키페테가 오븐을 열어 맛있는 냄새가 나는 무언가를 꺼내며 말을 이었다.

"너무 억울해. 어쨌거나 네 물음에 대답하자면, 우리가 스틱스 여신한테서 주전자를 하나 빌려서 케익스한테 다시 빌려주긴 했어."

이리스가 다시 질문을 던지려는데, 아엘로가 이리스 너머를 힐끗 쳐다보며 물었다.

"저 애는 네 남자친구니?"

"무슨 소리야?"

뒤를 돌아보니 제피로스가 형들과 함께 앉은 자리에서 목을 쭉 빼고 주방 쪽을 쳐다보고 있었다. 그리고 놀랍게도 안테이아가 그렇게 짜증 난다던 바람의 신 사 형제와 함께 앉아서 이야기를 나누고 있었다.

이리스와 눈이 마주치자, 제피로스는 이리스가 부탁하면 바로 도우러 가겠다는 눈빛을 보냈다. 이리스는 살짝 고개를 가로저었다. 이 정도 일은 혼자서도 얼마든지 처리할 수 있었다.

"저 애는 내 남자 친구가 아니야."

다행히 이리스는 얼굴이 쉽게 붉어지는 편이 아니었다. 더불어 이럴 때는 오직 이리스만 오라를 볼 수 있어서 더더욱 다행이었다.

'지금 내 오라는 엄청 창피할 때 나타나는 새빨간 색일걸?'

"막내야, 그만 가서 네 남자 친구 '아닌' 아이랑 같이 어울리지 그러니?"

켈라이노가 놀려 대며 이리스를 주방 밖으로 밀어냈다.

"언니들이 근사한 점심을 대접할게."

이리스는 망설이다가 대답했다.

"음, 알았어. 고마워."

주방 안의 냄비와 프라이팬에서 뭔가 보글보글 지글지글 익어 가며 풍기는 맛있는 냄새 때문에 이리스는 현기증이 날 지경이었다. 배가 너무 고팠다! 헤라에게 물총새 부부의 편지를 전하는 일은 조금 미뤄도 될 것 같았다. 아니, 부디 그래야만 했다.

"대신 갖다 준 음식을 다시 훔쳐 가면 안 돼. 알았지?"

이리스가 다져 묻자, 세 하피 언니들은 순진한 표정으로 입을 모아 외쳤다.

"당연하지!"

이리스는 언니들을 향해 어이없다는 듯 눈을 굴려 보이고서 아이들이 모여 있는 자리로 갔다. 이리스의 하피 언니들은 곧바로 점심 특선 요리를 만들어 가져다주었다. 어쩌다 보니 이리스는 제피로스 옆에 앉게 되었다.

이리스는 언니들이 공짜 점심을 주겠다고 나선 것도, 제피로스를 남자 친구냐며 놀린 것도 모두 자기 입을 막기 위해서란 걸 알고 있었다.

'하여간 언니들다워! 늘 그렇게 속임수로 넘어간다니까.'

이리스의 하피 언니들은 예의 없고, 걸핏하면 킬킬거리고, 아무데서나 트림을 하고, 날개를 퍼덕였다. 도둑질을 하지 않겠다는 약속도 번번이 어겼다. 이리스가 언니들을 부끄러워하는 것도 무리는 아니었다. 하지만 이리스는 자신이 자리에 앉자마자 보레아스가 언니들을 두고 농담을 해 대는 모습에 마음이 영 언짢았다.

"아침 도둑, 점심 날치기, 저녁 들치기 언니들이랑 살면 기분이 어때?"

보레아스가 빈정거렸다.

"누구나 흠은 있기 마련이야."

이리스는 맛난 음식을 열심히 먹으며 차갑게 쏘아붙였다.

"우리가 먹고 있는 이 음식을 누가 만들었는지, 우리가 앉아서 식사할 자리를 누가 제공해 줬는지 부디 잊지 말았으면 해. 보아하니 너도 여기가 마음에 드나 봐? 싫으면 딴 데 가든가!"

"오오오! 꽤나 매서운데!"

보레아스는 별일 아니라는 듯이 일부러 껄껄 웃어 보였다. 그러고는 능글맞게 웃으며 이리스 대신 안테이아에게 집적거리기 시작했다.

잠시 후 제피로스가 이리스에게 말을 걸었다.

"오늘 아침에 너희 학교 운동장을 날아가다가 무지개를 봤는데, 네가 만든 거였어? 넌 무지개를 만들 수 있니?"

이리스는 고개를 끄덕여 답했다. 그러나 눈으로는 하피 언니들이 오가는 모습을 유심히 살피고 있었다. 오키페테가 탁자에서 소금 통을 가져가려 하자 이리스는 헛기침을 하며 언니 쪽으로 고개를 살짝 흔들었다. 그러자 오키페테는 씩 웃으며 소금 통을 다시 내려놓았다. 하피 언니들한테 도둑질은 놀이였다.

"멋지다. 어떻게 하는 거야?"

제피로스가 다시 물었다.

"어떻게 하다니? 뭘?"

이리스는 멍하니 되물었다가 이내 깨달았다.

'아, 얘는 아직도 무지개 이야기를 하고 있구나.'

이리스는 어깨를 들썩여 보이고서 대답했다.

"그건 마치 너나 네 형들한테 바람을 어떻게 불게 하는 거냐고 묻는 거랑 똑같아. 너도 쉽게 할 수 있잖아. 그렇지 않니?"

"그래, 하지만 우리가 하는 일은 과학이 뒷받침하고 있어."

제피로스는 차를 한 입 마시고서 설명을 이었다.

"기본적으로 지구가 태양열을 받아서 뜨거워지지만 지역마다 데워지는 온도가 다 달라. 그래서 따뜻한 공기와 차가운 공기가 생기지. 따뜻한 공기는 차가운 공기보다 가벼워서 위로 올라가고, 차가운 공기는 아래로 내려가. 우리 형제들은 그 공기의 움직임에 속도와 방향을 더하는 거야. 간단하지?"

이리스는 풋 하고 웃음을 터뜨렸다.

"그게 간단하다고? 그럼 복잡한 건 도대체 어느 정도니?"

제피로스는 이리스만큼이나 날씨에 관심이 많은 듯했다.

'흠, 제피로스라는 애, 생각보다 꽤 재미있는 아이잖아?'

제피로스가 마주 웃더니 고개를 까딱여서 이마를 가린 갈색 머리칼을 뒤로 넘겼다. 이리스는 문득 제피로스의 하늘색 눈동자에 부드러운 연회색 반점이 있다는 걸 알아차렸다.

제피로스가 다시 물었다.

"그럼 무지개는 어떻게 만드는 거야? 틀림없이 뭔가 묘수가 있을 것 같은데?"

지금까지 아무도 그런 질문을 던진 적이 없어서 이리스는 답을 곰곰이 생각해야 했다.

"음, 먼저 손끝에서 가느다란 빛줄기를 여러 가닥 만들어 내. 물론 마법을 써야지. 그런 다음 그 빛줄기를 하늘 높이 떠 있는 작은 물방울에 조준해서 던져. 그럼 그 물방울들이 수천 개의 작은 프리즘 역할을 해 주지."

그때 반대편에 앉은 안테이아가 불쑥 말을 걸었다. 그러나 이리스는 안테이아가 무슨 말을 했는지 제대로 듣지 못했다. 하피 언니들이 옆 탁자에서 떠들썩하게 노래를 부르고, 챙그랑거리며 그릇을 치우고 있기 때문이었다.

"뭐라고?"

이리스가 귀에 손을 대고서 묻자, 안테이아가 같은 말을 되풀이했다.

"소금 좀 건네 달라고!"

이리스가 소금 통을 향해 손을 뻗는데, 제피로스가 다시 이야기를 꺼냈다.

"이제 이해했어. 그러니까 네 손끝에서 나온 빛줄기가 물방울 사이를 통과하면서 온갖 색깔로 퍼지게 되는 거구나?"

"바로 그거야."

이리스는 제피로스를 보며 방긋 웃었다.

"짠! 무지개 등장이요!"

이리스는 물이 든 유리잔에 손을 넣었다가 접시 위쪽 허공에 물방울을 살짝 뿌렸다. 연이어 이리스가 빛줄기를 날리자, 이리스와 제피로스 사이에서 무지개가 솟아올라 활 모양을 그리며 반대편 안테이아가 앉은 곳까지 펼쳐졌다. 이리스가 소금 통을 무지개 위에 올려놓았다. 그러자 소금 통이 무지개를 타고서 반대편으로 주르륵 미끄러져 갔다. 안테이아는 냉큼 소금 통을 받아 들고서 까르르 웃음을 터뜨렸다. 안테이아와 바람의 신들은 함께 휘파람을 불고 환성을 터뜨리며 박수를 쳤다. 심지어 보레아스마저 감탄하고 있었다.

"아주 순식간에 일어나는 일이기 때문에 모든 과정을 눈으로 직접 확인하긴 쉽지 않아."

이리스가 제피로스에게 설명을 이었다.

"그래서 갑자기 무지개가 생긴 것처럼 보이는 거지."

이리스와 제피로스는 한동안 계속해서 날씨에 관한 이야기를 나누었다. 그러다 이리스가 불쑥 물었다.

"저, 뭐 하나 물어봐도 돼?"

제피로스가 고개를 끄덕였다.

"교장 선생님께서는 교장실에서 들은 이야기를 밖에서 다시 꺼내지 말라고 하셨지만…… 넌 이름이 '티'로 시작하는 괴물에 대해 이미 알고 있는 거지?"

이제 하피 언니들은 손님들을 즐겁게 해 주느라 즉흥 플라멩코 춤을 추고 있었다. 주위가 너무 시끄러워서 이리스는 제피로스 쪽으로 고개를 바싹 붙이고 말했다. 다른 아이가 이리스의 말을 엿들을 염려가 없으니 나름 괜찮은 방법이었다.

제피로스가 곧바로 긴장하더니 이리스를 바라보는 눈빛도 진지해졌다.

"티폰 말이야? 혹시 다른 아이들도 알고 있어?"

제피로스는 걱정스러운 듯 안테이아를 힐끗 쳐다봤다.

이리스가 고개를 가로저었다.

"아니, 아무도 몰라. 우리 학교가 많이 위험한 거니?"

안테이아와 어느 정도 거리가 떨어져 있기 때문에 제피로스는 자신의 말을 아무도 엿듣지 못할 거라고 판단하고 말했다.

"상황이 아주 안 좋아. '티'는 괴물 중에서도 가장 사나운 축에 속하거든. 나보다 훨씬 더 강력하고 거대한 회오리바람을 일으킬 수 있어. 그런 경우는 드물지만 그자가 똑바로 서 있으면, 머리가 하늘의 별을 스치고, 두 팔을 펼치면 땅의 동쪽 끝에서 서쪽 끝까지 닿아. 놈은 이틀 전 타르타로스의 감금 지역에서 빠져나온 뒤 도시를 부수고, 산을 던지며 난동을 부려 댔지. 그런데 지금은 어딘가에 조용히 숨어 있어. 우리 사 형제는 올림포스 학교 근처의 하늘을 순찰하며 놈의 움직임을 주시하고 있는 중이야."

"'티'가 공격하기 전에 막을 순 없어? 그 자가 무슨 꿍꿍이를 꾸미는지는 알고 있니?"

이리스의 머릿속에 온갖 생각이 스쳐 지나갔다.

"그저 제우스 님을 노리고 있다는 것만 알아."

제피로스가 침울한 얼굴로 대답했다. 이리스는 숨이 턱 막히는 것 같았다.

"혹시 교장 선생님이 그자를 타르타로스에 가둔 것 때문에 그러는 거야?"

"응. 올림포스 신과 티탄 사이의 전쟁이 끝났을 때 일이었지. 만약 이번에 '티'가 제우스 님을 이긴다면, 물론 우리가 최선을 다해 막을 테니까 그런 일은 없을 거야. 하지만 만에 하나라도 그런 일이 생긴다면, 그자는 모든 올림포스 신을 상대로 새로운 전쟁을 일으킬 거야. 우리가 만든 세계를 완전히 박살내 버릴 작정이지."

제피로스는 예를 들어 보이듯 구운 빵 한 조각을 집어 들더니 바스러뜨렸다.

"야!"

보레아스가 소리쳤다.

"너희 둘 무슨 얘기를 그렇게 비밀스럽게 나누고 있는 거야?"

"아무것도 아냐."

제피로스가 차분하게 대답하더니 다시 이리스 쪽으로 몸을 숙이고서 속삭였다.

"다른 애들한테는 이야기하지 마, 알았지? 제우스 님은 아이들이 겁에 질려 우왕좌왕하는 일이 없기를 바라서. 우리가 제우스 님의 도움을 받아서 반드시 그 괴물을 막을 거야. 걱정 마."

어째서인지 모르지만 이리스는 제피로스의 말에 믿음이 갔다. 적어도 제피로스가 최선을 다해 노력할 거라는 것만큼은 확실히 믿을 수 있었다. 그래서 아무 말 없이 고개를 끄덕였다. 잠시 후, 이리스는 자신이 제피로스를 빤히 쳐다보고 있었다는 걸 깨닫고서 화들짝 뒤로 물러났다. 여간해서는 얼굴이 빨개지지 않는 이리스지만, 이번에는 볼이 화끈거리는 게 느껴졌다.

"그럼 같이 가자."

보레아스가 다시 제피로스에게 소리쳤다.

"우리는 '아세다스'에 갈 거야. 거기 파는 물건이 조만간 필요할 수도 있으니까. 내 말 무슨 뜻인지 알지?"

보레아스는 이리스를 흘낏 쳐다보고서 다시 제피로스에게 눈길을 던졌다. 절대 이리스한테 티폰 이야기를 털어놓지 말라고 경고하는 것 같았다.

'흥, 이미 얘기 다 했거든?'

바람의 신 사 형제가 자리에서 일어서자, 이리스와 안테이아도 일어났다. 남자아이들은 모두 아세다스 구경이라면 마다하는 법이 없었다. 아세다스는 각종 운동 용품과 창, 활과 화살, 방패, 갑옷 같은 무기를 파는 곳이었다. 아마 바람의 신 사 형제는 그곳을 둘러보면서 어떻게 하면 티폰을 무찌를 수 있을지 아이디어를 얻으려는 것 같았다.

바람의 신들이 쇼핑센터 안쪽으로 먼저 출발했다. 이리스는 제피로스의 뒷모습에 자꾸 눈길이 갔다. 알고 보니 제피로스는 꽤 귀여운 데다 상냥한 아이였다. 같은 형제인데도 보레아스와 전혀 달랐다.

'자매이지만 내가 언니들하고 전혀 다른 것처럼 말이야!'

이리스와 안테이아는 불멸 쇼핑센터 밖으로 나가서 샌들 뒤꿈치의 은색 날개를 감고 있던 끈을 풀었다. 샌들 끈이 다시 발목을 휘감더니, 은색 날개가 파닥였다. 둘은 올림포스 산을 지나 구름을 뚫고 부지런히 학교로 돌아갔다. 이리스와 아테이아는 돌아가는 길 내내 각자의 생각에 빠져 아무런 이야기도 나누지 않았다.

이리스와 안테이아가 학교 입구에 막 도착했을 때, 갑자기 횡하고 거센 바람이 불었다. 제피로스와 그의 형제들이 저 앞쪽 학교 뜰에 내려선 모양이었다. 바람의 신 사 형제는 아세다스에 들르느라 이리스와 안테이아보다 한참 늦게 출발했을 텐데도 바람을 타고 오기 때문에 날개 샌들을 신은 둘보다 먼저 학교에 도착했다.

문득 이리스는 보레아스가 자꾸 자기네 쪽을 쳐다본다는 걸 알아차렸다. 이리스는 보레아스의 눈길을 따라가 보다가 새로운 사실을 발견했다.

'오호라, 우리 둘이 아니라 안테이아를 쳐다보고 있구나!'

이리스가 곰곰이 생각해 보니 아까 점심 때도 보레아스는 안테이아한테 넋이 빠져 있었다. 다른 형제들이 안테이아한테 말을 걸면 오라가 초록색으로 살짝 변하기도 했다. 그건 질투하고 있다는 뜻이었다.

'흐으음. 이거 흥미로운걸. 차가운 북풍을 다스리는 소년 신이 따뜻한 봄날의 꽃 같은 내 단짝을 좋아하다니 이게 가능해? 만약 안테이아도 보레아스를 좋아하게 된다면, 아프로디테 언니는 아마 극과 극이 끌리는 전형적인 경우라고 할 거야.'

음울한 하데스는 화사한 페르세포네와, 사랑의 신인 아프로디테는 전쟁의 신인 아레스와 사귀는 걸 보면 상당히 일리가 있는 말이었다.

"아까 점심 먹을 때 보레아스가 뭐라고 했어?"

학교 건물을 향해 날아가는 동안 이리스가 안테이아에게 슬며시 물었다. 보레아스 같은 허풍쟁이와 자신의 단짝이 사귀는 게 괜찮을지 확신이 서지 않았다.

"별로 주의 깊게 듣지 않아서 모르겠어. 거의 무시했거든."

안테이아가 풋 하고 웃으며 덧붙였다.

"보레아스 완전 지루했스."

이리스도 씩 웃었다.

"무슨 소린지 알겠다."

이리스는 안테이아가 보레아스를 차갑게 대한 걸 나무라고 싶지 않았다.

'지금까지 그 애도 우리한테 못되게 굴었잖아.'

학교 뜰에 내려서자 이번에는 안테이아가 물었다.

"제피로스랑 넌 무슨 얘기를 했어? 그 애 어때?"

"알고 보니 꽤 괜찮은 애더라. 날씨와 과학에 관심이 많아."

이리스는 허공으로 눈길을 던지며 꿈꾸듯 중얼거렸다.

"귀엽기도 하고."

"그래?"

안테이아가 반짝하고 흥미를 보였다. 지금껏 안테이아는 제피로스를 안중에 둔 적이 없었는데, 그 순간부터 갑자기 앞에 가는 제피로스만 쳐다보았다. 그러더니 불쑥 말했다.

"나도 그렇게 생각하고 있었어."

잠시 후 둘은 샌들을 갈아 신으려고 현관 계단 앞에 앉았다. 이리스가 학교 뜰에서 아폴론을 발견하고는 안테이아를 쿡 찌르며 그쪽으로 고갯짓을 했다.

"난 할 일이 있거든. 네가 이걸 아폴론 오빠한테 전해 줄래?"

이리스는 가방에서 카산드라의 편지를 꺼내어 안테이아에게 내밀었다.

"카산드라 언니가 우리 둘에게 부탁했던 거니까 네가 전해 줘도 상관없을 거야."

안테이아가 '글쎄'라는 듯이 어깨를 들썩였다. 놀랍게도 안테이아는 그다지 관심을 보이지 않았다. 이리스가 예상했던 것과 전혀 다른 반응이었다.

"그러지 뭐."

안테이아가 편지를 받아 들고서 아폴론 쪽으로 걸음을 옮기자, 이리스는 현관 계단을 올랐다. 우울해서 걸음이 잘 떼어지지 않았다.

'교장 선생님은 내가 오늘 당장 주전자를 구해 올 수 있을 거라 기대하고 계실 텐데. 쩝, 하루 동안 두 번이나 교장실을 방문하게 되다니. 부탁하신 일을 제대로 해내지 못했단 걸 알면 교장 선생님이 분명 실망하실 거야.'

어느덧 행정실 앞에 도착했다. 그런데 행정실 문에 다음과 같은 공지가 붙어 있었다.

교장 선생님께서 출타 중이시라 월요일까지 안 계십니다.
어디 가셨는지 당신 알 바가 아닙니다.
추신: 헤라 님도 그때까지 안 계십니다.

히드라 선생님의 까칠한 초록 머리가 쓴 게 분명했다. 어쨌든 당장 제우스를 만나지 않아도 된다니 한결 마음이 놓였다.

기숙사로 올라가던 이리스는 안테이아와 마주쳤다. 안테이아는 평소와 달리 유난히 말이 없었다. 둘은 말없이 계단을 올라 4층 기숙사 방에 도착했다.

'아폴론 오빠랑 무슨 일이 있었나?'

하지만 이리스는 굳이 캐묻지 않았다. 이리스도 머릿속이 영 복잡했다.

'교장 선생님한테 주전자를 구해 오겠다고 분명히 약속했고, 실망시켜 드리고 싶지 않았어. 그런데 결국 못 구해 왔잖아. 나도 공식적으로 무지개의 여신이 되고 싶지만 과연 나 혼자 지하 세계에 갈 수 있을까? 으윽!'

그날 오후 내내 그리고 저녁 식사 시간에도 이리스는 결정을 내리지 못하고 미적거렸다. 그날 밤에도 도무지 결심이 서지 않았다. 안테이아와 함께 잠옷을 갈아입고, 책상 위의 초를 끄고, 각자의 침대에 눕자, 이리스는 문득 제피로스가 떠올랐다.

이불 속으로 폭 기어 들어가면서 이리스는 저도 모르게 빙그레 웃음이 났다.

'어쩌면 우리가 사귀게 될지도 모르겠어.'

이리스는 이 사실을 한동안 비밀로 간직하기로 했다. 혼자서

이 상황을 즐기고 싶었다.

얼마 후 안테이아가 말을 걸어왔다.

"이리스, 자니?"

이리스는 하품을 하며 졸리는 목소리로 대답했다.

"아니. 왜?"

"나 아폴론 오빠를 짝사랑하는 거 끝내기로 마음먹었어."

"정말?"

이리스의 얼굴이 확 밝아졌다. 이리스는 내심 좋아서 폴짝폴짝 뛰고 싶은 기분이었다.

'가망 없는 짝사랑이었잖아. 안테이아를 불행하게 만들기만 했다고. 이제 다 끝났다니, 잘됐다. 만세!'

"응. 나 다른 애를 좋아하게 된 것 같아."

안테이아의 대답에 이리스는 조금 당황했다.

'설마 보레아스를 좋아하게 된 건가?'

낮에 안테이아가 했던 말을 고려했을 때 그 역시 꽤나 놀라운 사건이 될 듯했다. 하지만 이리스는 친구의 사랑을 지지하기로 마음먹었다. 설령 그 대상이 과연 안테이아의 마음을 받을 만한 아이인지 의문이 들더라도 말이다.

"내가 누구를 좋아하게 되었는지 알고 싶니?"

안테이아가 물었다. 이리스는 옆으로 돌아눕고서 어둑어둑한 방 건너편에 있는 친구를 빤히 쳐다보았다.

"네가 비밀로 간직할 생각이 없다면. 하지만……."

"제피로스야!"

안테이아가 불쑥 말을 뱉었다. 이리스는 자신의 얼굴에 핏기가 싹 가시는 게 느껴졌다.

'또? 이번에도 또? 안테이아랑 나랑 같은 애를 좋아하게 된 게 벌써 세 번째야. 포세이돈 오빠 때도 그랬고, 아폴론 오빠 때도 그랬는걸. 이건 너무하잖아!'

이번 역시 안테이아가 먼저 제피로스를 좋아한다고 선언했다. 그리고 이리스는 자신의 속마음을 밝힐 틈도 없이 기회를 뺏겨 버렸다. 이제 제피로스의 마음은 이리스한테 출입 금지 구역이나 마찬가지였다. 올림포스 학교 여학생 사이에는 절대 친구의 연인을 빼앗지 않는다는 불문율 같은 게 있었다.

"잘됐네."

이리스는 힘없이 대답했다. 물론 진심은 정반대였다. 우울해진 이리스가 속으로 중얼거렸다.

'잘됐네, 아주 잘됐어.'

6
나도 저 애가 좋아!

 다음 날 아침 이리스가 일찍 잠에서 깼다. 안테이아가 아직 자고 있어서 이리스는 조용히 일어나 연보라색 키톤을 입고, 같은 색 샌들을 신었다. 연보라색을 고른 데는 이유가 있었다. 빨간색과 보라색은 용기를 상징하는 색이기 때문이었다.
 '오늘 지하 세계에 가려면 용기를 잃지 않을 모든 수단을 동원해야 해!'
 이리스는 모든 채비를 마친 뒤 케익스의 편지가 든 가방을 메고서 밖으로 살금살금 걸어 나왔다. 일단 행정실부터 들를 작정이었다. 혹시 제우스와 헤라가 일찍 돌아왔으면 헤라에게 케익스의 편지를 전한 뒤 주전자 배달 임무에 대해서 제우스와 이야기를 나누었으면 해서였다.

 불행히도 행정실 문 앞에는 여전히 제우스의 부재를 알리는 공지가 붙어 있었다. 혹시 제우스가 돌아왔음에도 히드라 선생님이 깜빡하고 공지를 떼지 않은 건지도 몰랐다. 그래서 이리스는 확인 차 행정실 문을 열고 고개를 쏙 들이밀었다.

"에헴, 너 지금 여기서 뭐 하는 거니?"

 히드라 선생님의 까칠한 초록색 머리 목소리였다.

 이리스가 고개를 뒤로 휙 돌렸더니 히드라 선생님이 서 있었다. 너무 서둘러 나온 바람에 히드라 선생님보다 먼저 도착해 버린 모양이었다.

"교장 선생님을 찾아왔어요."

"넌 글을 읽을 줄 모르니?"

 성미 급한 보라색 머리가 고갯짓으로 문에 붙은 공지를 가리켰다.

"교장 선생님과 헤라 님은 일이 있어서 출타 중이셔. 오늘 오후에 돌아오신단 말이야."

'오후에 온다는 말은 저기 안 씌어 있거든요?'

 이리스는 굳이 토를 달지 않기로 마음먹고서 히드라 선생님이 사무실 안으로 들어가는 모습을 잠자코 지켜보았다. 학생들에게는 늘 관대한 파란색 머리가 책상 뒤에서 머리를 쭉 빼더니 이리스에게 물었다.

"내가 도와줄 일이라도 있니?"

"아니요. 괜찮아요."

이리스는 얼른 행정실 문을 닫았다. 아무래도 제우스와 이야기를 나누고 헤라에게 케익스의 답장을 전하는 일은 뒤로 미뤄야 할 듯했다.

몇 분 뒤 이리스는 식사를 하기 위해 학생 식당에 줄을 섰다. 머릿속에서 온갖 생각이 줄달음질 쳤다.

'교장 선생님이 돌아오기 전에 지하 세계부터 가야 할까?'

이리스는 팔이 여덟 개 달린 식당 아주머니한테서 암브로시아 달걀볶음을 받아 들었다.

'내가 그렇게 으스스하고, 어두침침하고, 쓸쓸하고, 무시무시한 곳에 정말 갈 수 있을까? 지하 세계는 인간이 죽고 나서 영혼이 되어 가는 곳이잖아.'

이리스는 온몸에 소름이 쫙 끼쳤다.

'반대로 생각할 수도 있어. 그런 곳에 나 혼자 용감하게 다녀온다면 교장 선생님한테 내 임무 수행 능력을 보여 줄 수 있지 않을까? 대신 혼자 갔다가 문제를 일으키면 교장 선생님의 진

노를 사겠지.'

이리스는 빙그레 웃음이 났다.

'식당 아주머니처럼 팔이 여러 개가 아니라서 다행이야. 그랬다면 결정해야 할 문제가 훨씬 더 많았을 거 아냐!'

쟁반을 받아 들고 뒤돌아선 순간, 이리스는 파마가 탁자 사이를 신나게 돌아다니고 있는 걸 보았다. 파마는 오늘도 변함없이 소문을 퍼뜨리고 있었다. 무슨 소문을 퍼트리고 있는지 가까이에 가서 들어볼 필요도 없었다. 파마의 입에서 솟아오른 구름 글자를 읽기만 하면 그만이었다.

'교장 선생님과 헤라 님이 그라이아이를 만나러 갔대. 어떤 문제에 대한 조언을 구하기 위해 갔다는 거야.'

이리스의 눈이 휘둥그레졌다. 파마는 분명 제우스와 헤라에 대해 이야기하고 있었다.

'설마 두 분이 조언을 구하러 간 문제가 바로 티폰의 습격이란 것까지 소문내려는 걸까?'

그러나 다음 순간 파마가 약간 혼란스러운 듯한 표정을 짓더니 덧붙였다.

"뭔가 소통 문제라는 것 같아. 아니, 요통인가? 소송일 수도 있고. 하여간 어떤 문제 때문이래."

이리스는 속으로 끙 신음을 뱉었다.

'어휴, 그럴 줄 알았어!'

파마는 소식을 전할 때 종종 실수를 저질렀다. 헤라이언 게임이 열렸을 때만 해도 노르웨이 여신 프레야의 목걸이가 사라졌을 때 엉뚱한 이를 도둑이라 소문냈다. 교장 선생님이 그 실수에 대해 얼마나 진노했는지 떠올리자 이리스는 몸이 부르르 떨렸다.

'아, 내가 혼자 지하 세계에 가는 걸 교장 선생님이 어떻게 생각하실지 알 수 있으면 좋으련만. 더도 말고 덜도 말고 딱 그것만이라도 알면 좋겠어.'

이리스는 안테이아가 앉아 있는 자리로 갔다. 이리스가 안테이아 앞에 도착했을 때, 바람이 살랑 불어와 이리스의 쟁반에서 냅킨을 날려 버렸다. 이리스와 안테이아는 인상을 찌푸리며 옆 탁자 쪽을 쳐다보았다. 바람의 신들이 거기 앉아 있었다. 사 형제 중 한 명이 바람을 일으킨 게 분명했다. 이리스는 누구 짓인지 짐작이 갔다. 바람이 약한 데도 매섭게 차가웠다.

"저 보레아스란 애, 정말 짜증 나."

안테이아는 보레아스를 노려보더니 탁자 위에 있던 냅킨 한 장을 집어서 이리스의 쟁반에 휙 올려놓았다.

이제 보니 이리스의 냅킨만 날아간 게 아니었다. 보레아스, 제피로스, 노토스, 에우로스는 주위에 모여든 아레스, 아폴론, 그 밖의 몇몇 남학생들한테 자랑하느라 온갖 물건을 날리는 중이었다.

이리스는 일부러 맞은편에 앉은 안테이아가 화들짝 놀랄 만큼 세게 탕 하고 쟁반을 내려놓았다. 이제 막 어젯밤 일이 떠올랐고, 자신이 좋아하는 누군가를 번번이 안테이아가 먼저 채어 가는 데 짜증이 났기 때문이었다. 물론 안테이아는 자신이 사랑 도둑이 된 줄 모르고 있지만 어쩔 수 없었다.

"이리스, 이 쟁반이 손에서 잘 미끄러져. 조심해야 해."

안테이아가 싱냥하게 말을 건네며 해맑게 웃었다. 그러고는 다시 바람의 신 사 형제를 노려보았다.

이리스의 마음이 약간 풀렸다. 안테이아의 장점 중 하나를 꼽자면 늘 친구의 편을 들어 주고, 격려해 준다는 것이었다.

'안테이아는 정말 믿음직스러운 친구야. 만약 내가 제피로스를 좋아한다는 걸 알았다면 안테이아는 절대로 제피로스를 좋아하지 않았을 거야. 적어도 난 그렇게 믿어.'

진실이 어느 쪽이든, 늘 쾌활한 이리스라지만 우울한 기분이 좀체 떨쳐지지 않았다.

자리를 잡고 앉은 이리스는 포크로 암브로시아 계란볶음을 쿡 찔렀다. 그러고는 입이 찢어져라 하품을 했다. 지하 세계에 대한 두려움과 안테이아의 새로운 짝사랑 소식 때문에 전 날 밤 잠을 잘 이루지 못했기 때문이었다.

반대편에 앉은 안테이아가 탁자에 한 팔을 올리고서 손에 턱을 고였다. 그러더니 넥타르를 빨대로 홀짝이고, 실없이 웃으며 제피로스를 쳐다보았다. 바람의 신 사 형제는 누가 쟁반을 허공에 가장 오랫동안 띄워 놓을 수 있는지 내기를 하고 있었다. 올림포스 학교 남학생들은 옆에서 사 형제를 부추겨 대느라 바빴다. 지금까지는 제피로스가 가장 잘하고 있는 모양이었다.

"너어어어무 귀여워."

안테이아가 콧소리를 내며 말했다. 물론 이리스는 사 형제 중 누구를 두고 하는 말인지 묻지 않고도 알 수 있었다.

"소년 신들은 다 귀엽고 잘생겼어. 대부분은 말이야."

이리스가 대꾸했다.

안테이아도 지지 않았다.

"그런데 저 애는 성격도 좋잖아."

챙그랑!

에우로스가 쟁반을 떨어뜨린 모양이었다. 나머지 세 명의 쟁반은 여전히 허공에 떠 있었다. 심지어 제피로스는 음식과 접시로 가득한 쟁반을 빙글빙글 돌리는 재주까지 펼쳤다. 솔직히 꽤 근사했다.

"제피로스가 성격이 좋은지 네가 어떻게 알아?"

이리스가 도전적으로 물었다.

"넌 아직 저 애랑 이야기도 나눠 보지 않았잖아."

"뭐 그렇긴 하지."

안테이아는 순순히 인정했다.

사실 둘 중 누구도 제피로스를 속속들이 알 만큼 함께 시간을 보낸 적이 없었다. 안테이아가 제피로스에게 관심을 보이는 이상 이리스는 제피로스를 좋아하는 마음을 짓눌러야 했다.

'너무 불공평해!'

이리스는 계속 고집스럽게 질문을 던졌다.

"제피로스의 성격이 좋다고 생각하는 이유가 뭐야?"

안테이아가 놀란 눈으로 이리스를 바라보았다.

"그냥 알 수 있어. 게다가 우리 둘이 잘 어울리지 않니? 제피로스는 봄에 부는 서풍의 신이고, 난 화환의 여신이잖아."

안테이아는 이 정도면 정말 환상적인 짝이 아니냐고 묻는 듯이 이리스를 빤히 쳐다보았다.

'아니거든!'

"예를 더 들어 볼까?"

이리스가 멀뚱멀뚱 쳐다보기만 하자, 안테이아는 방긋 웃으며 말을 이었다.

"봄바람은 씨를 퍼뜨려서 꽃과 양치식물을 자라게 하잖아. 난 그걸로 화환을 만들지. 봐, 우리는 정말 완벽한 한 쌍이야."

이리스는 황당해서 입을 떡 벌린 채 안테이아를 더 빤히 쳐다보았다.

"그 기준이라면 제피로스는 페르세포네 언니하고도 천생연분이겠다. 페르세포네 언니는 봄과 꽃의 여신이니까."

"우아! 오늘 아침 누구 기분이 정말 별로인가 봐."

안테이아가 살짝 인상을 찌푸리며 말했다. 그러자 이리스는 짐짓 넥타르를 한 입 마시며 되물었다.

"누구? 나 말이니?"

이리스는 평소 짜증을 부리는 일이 없었다. 그저 연애 문제에, 제우스 문제에, 티폰 문제까지 겹쳐서 오늘 아침 기분이 좋지 않을 뿐이었다.

쿵!

갑작스런 소음에 이리스가 움찔했다. 남자애들 쪽으로 눈길을 돌려 보니 노토스가 쟁반을 떨어뜨린 모양이었다. 이제 제피로스와 보레아스만 남아 계속 쟁반 띄우기 시합을 하고 있었다.

아폴론을 좋아할 당시, 안테이아는 반은 절망에 빠져 있고, 반은 희망에 차 있었다. 그런데 짝사랑 대상이 바뀌자 더없이 행복해 보였다. 이리스는 짜증 가득한 마음을 밀어내기로 했다.

'어쩌면 불공평하게 굴고 있는 아이는 안테이아가 아니라 나인지도 몰라.'

안테이아가 여전히 아폴론을 좋아하고 있을 때만 해도 이리스는 단짝이 마음을 나눌 새로운 대상을 찾으면 둘 사이가 가까워질 수 있게 도와주겠다고 다짐했다. 그러니 상대가 보레아스가 아니라 제피로스라 해도 스스로 다짐한 바를 지켜야 했다.

'안테이아가 날 상처 주기 위해 일부러 제피로스를 고른 것도 아니잖아.'

이리스는 올해 초 안테이아와 함께 아폴론을 좋아했던 때처럼 속으로 엄숙히 맹세했다.

'안테이아가 제피로스를 마음껏 좋아할 수 있도록 내가 물러나자.'

"야호! 멋진데!"

남학생들이 모여 있는 자리에서 흥분과 응원 소리가 점점 더

고조되었다. 제피로스와 보레아스는 온몸의 근육을 팽팽히 긴장시킨 채 서로를 이기려고 갖은 애를 썼다. 둘은 고개를 뒤로 젖히고서 부드러운 하늘색 눈동자와 서릿발 같은 은회색 눈동자를 쟁반에 고정하고 있었다. 자신이 만든 바람으로 쟁반을 띄우기 위해서였다. 쟁반의 접시들이 이리저리 미끄러지고 금방이라도 쏟아져 내릴 듯해서 중심 잡기가 몹시 어려워 보였다.

"안테이아, 짜증 부려서 미안해. 내가 어제 잠을 잘 못 잔 탓에 피곤해서 그래."

이리스가 억지로 웃으며 말을 건넸다.

"제피로스 얘기 계속해 봐. 듣고 있어."

"이리스, 내가 결심한 게 있어. 이번에는 아폴론 오빠 때와 같은 실수를 저지르지 않을 거야. 오랫동안 내 마음을 혼자 간직하기만 하고 드러내지 않았더니 아폴론 오빠가 다른 애를 좋아하게 됐잖아."

안테이아가 단호하게 말했다.

"이번에는 내가 먼저 움직일 거야."

"그게 무슨 소리야?"

안테이아가 이리스 쪽으로 고개를 기울이더니 나직이 속삭였다.

"제피로스한테 몰래 편지를 보내서 사귀자고 할 거야. 어때? 좋은 생각이지?"

안테이아의 눈이 반짝반짝 빛났다.

이리스는 안테이아의 굳은 결심에 감탄이 절로 나왔다. 둘 다 수줍음이 많아서 평소 같으면 그런 일을 시도할 생각조차 하지 않을 터였다.

"안테이아, 편지에 뭐라고 쓸 거야?"

"거기까지는 생각 못했어."

안테이아가 솔직하게 대답했다.

"그냥 '넌 귀엽고 잘생겼다, 난 널 좋아한다, 너도 날 좋아할 거 같다.' 이렇게 쓸까 싶어. 어때?"

이리스는 '응, 괜찮네.'라고 대답해야 할지 아주 잠깐 동안 고민했다. 그런 내용이 담긴 편지로는 안테이아의 사랑이 성사될 리가 없었다. 너무 단도직입적인 데다 밋밋했다. 제피로스의 어떤 점이 특별하게 느껴졌는지 전혀 와닿지 않았다.

이리스는 친구를 돕겠다는 결심을 되새기면서 안테이아에게 뭐라고 조언을 해야 할지 생각해 보았다. 잠시 후 드디어 이리스가 진심을 담아 대답했다.

"내용이 좀 단조로운 것 같아. 적어도 말끝에 운이라도 맞춰

서 문장을 예쁘게 꾸며 보면 어떨까?"

안테이아는 헷갈리는 듯한 표정으로 고개를 갸웃거렸다.

"어떻게?"

"노랫말에 자주 나오는 구절 있잖아. 예를 들면 '너는 참 귀엽고, 우린 잘 어울리고.' 뭐 이런 거? 물론 이것보다는 나아야겠지."

안테이아가 이리스의 말을 듣더니 까르르 웃음을 터뜨렸다.

"우아! 정말 대단하다. 어쩌면 그런 게 단번에 생각이 나니?"

이리스는 별일 아니라는 듯이 어깨를 들썩였다.

"어쨌든 좀 더 구체적인 내용을 넣어야 해. 뭔가 그 애에 대한 언급이 있는 게 좋아."

"예를 들면 어떤 거?"

"네가 생각해 봐. 분명히 뭔가 떠오를 거야."

이리스는 이미 식사를 마친 터라 자리에서 일어서려 했다.

"안 돼. 난 못해."

안테이아가 이리스의 팔을 붙잡았다.

"편지 같은 건 네가 잘 쓰잖아. 최소한 내가 방향이라도 제대로 잡을 수 있게 도와줘."

갑자기 고막이 터질 듯한 소음이 들렸다. 이리스와 안테이아는 물론, 식당 안의 아이들 반 이상이 그쪽으로 고개를 휙 돌렸다. 쟁반 띄우기 시합이 끝나고, 탁자와 바닥에 음식이 어지러이 널브러져 있었다. 보레아스가 이긴 모양이었다. 제피로스는 패배를 깨끗이 인정하고서 가볍게 목례를 하며 형을 축하해 주었다. 그러자 제피로스의 갈색 머리카락이 하늘색 눈동자를 사르륵 가렸다. 제피로스가 고개를 흔들며 머리칼을 넘기자, 그 모습을 지켜보던 이리스의 심장이 저릿했다.

'어떡해. 너어어무 귀여워!'

남학생들이 주위에 모여들자 제피로스는 싱글싱글 웃으며 농담을 던졌다. 남학생들이 푸핫 하고 웃음을 터뜨리더니 이윽고 자리를 떴다.

눈 깜박할 사이에 기다란 개미핥기 코를 가진 식당 아주머니가 나와서 코로 바닥을 훑고 다녔다.

'으, 음식 부스러기를 코로 빨아들이고 있어!'

이리스는 얼른 눈길을 돌렸다.

"이리스, 부탁이야. 나 좀 도와줘."

안테이아가 계속 졸라 댔다.

"알았어."

이리스는 다시 자리에 앉았다. 하지만 아무래도 안테이아에게 심술궂게 말할 것 같았다.

'안테이아랑 가장 친하긴 하지만 내 마음이 그렇게까지 넓지는 않다고!'

어쨌든 이리스는 안테이아에게 조언을 건넸다.

"네가 그 애의 어떤 점을 좋아하는지 써야 해. 예를 들어 이따금씩 갈색 머리칼이 얼굴 쪽으로 쏟아져 내릴 때 머리를 살짝 젖혀서 눈앞을 가린 머리칼을 다시 넘기는 모습이 좋다든가 그런 거 말이야."

이리스는 머리를 까딱여서 제피로스의 동작을 흉내 내고는 말을 다시 이었다.

"그리고 반짝이는 하늘색 눈동자에 회색 반점이 섞여서 정말 예쁘고, 또……."

이리스는 말꼬리를 흐렸다.

'이건 모두 내가 제피로스와 사귀게 된다면 그 애한테 해 주고 싶었던 말이잖아.'

"아, 지금 굉장한 아이디어가 생각났어!"

안테이아가 잔뜩 흥분해서 말했다.

"아예 네가 내 대신 편지를 써 줘. 응? 부탁이야."

이어 안테이아는 가방을 뒤지더니 두루마리 편지지 한 장을 꺼내어 이리스의 손에 밀어 넣었다.

"이런 건 나보다 네가 훨씬 잘하잖아. 아, 그리고 보내는 사람을 '널 몰래 짝사랑하는 아이로부터'라고 써야 해, 알았지?"

안테이아가 주저리주저리 떠드는 동안 이리스는 입을 떡 벌린 채 빈 편지지만 내려다보았다. 시간이 흐르면 흐를수록 상황이 점점 더 비참해져 갔다.

'내가 좋아하는 애한테 다른 여자애 대신 좋아한다는 고백 편지를 쓰고 싶진 않아!'

그 순간 파마가 둘의 자리로 다가왔다. 이리스는 기쁜 마음으로 파마를 맞았다. 파마가 한바탕 떠들어 대면 안테이아가 지금 막 이리스에게 부탁했던 일을 잊어버릴지도 몰랐다.

파마가 소리쳤다.

"특종이야, 특종! 바람의 신 사 형제가 왜 우리 학교에 왔는지 알아냈어!"

지하 세계로

 이리스는 긴장해서 자세를 고쳐 앉았다. 파마가 티폰의 소식을 전하려는 건지 걱정이 들고 당혹스러웠다. 제우스가 그토록 막으려 했던 일이 벌어지려 하고 있었다. 그러나 다행히 파마는 제피로스와 그의 형제들이 올림포스 학교에 온 이유를 완전히 엉뚱하게 알고 전했다.

 "교장 선생님이 바람의 신들을 부른 건 모델을 시키기 위해서래. 학교 뜰에 근사한 풍속계를 세울 건데, 사 형제를 모델로 한 커다란 조각상을 만들어 장식할 거라는 거야. 어제 부서진 조각상을 대체할 겸해서 말이야. 그리고 또 무슨 소식이 있느냐면……."

파마는 긴장감을 북돋우려고 일부러 잠시 말을 멈췄다. 소문을 퍼뜨리는 데 있어서는 도저히 파마를 따라갈 자가 없었다.

"인간 세상에서 가장 유명한 조각가 피그말리온이 그 조각상을 만든대!"

마침내 파마가 입을 열었다.

"사실 피그말리온이 지금 막 우리 학교에 도착했어. 각종 조각 장비와 커다란 대리석 덩어리도 가지고 왔다니까. 그뿐만이 아냐. 피그말리온이 하루 만에 작업을 끝낼 수 있도록 교장 선생님께서 마법의 힘을 부여해 주셨대!"

"우아."

이리스가 탄성을 터뜨렸다.

"파마 언니, 풍속계가 뭐예요?"

안테이아가 대뜸 물었다.

파마는 자신이 없는 듯 인상을 구기며 대답했다.

"날씨랑 관계있는 거겠지 뭐. 아마 바람을 어떻게 하는 걸 거야. 바람의 신 사 형제가 포즈를 취하고 있는 걸 보면 말이야."

"저기 분명히 답을 알 만한 언니가 오네요."

이리스는 고갯짓으로 아테나를 가리켰다. 아테나는 아프로디테, 페르세포네, 아르테미스와 함께 아침을 먹고서 이리스가 앉은 쪽으로 오고 있었다.

"아테나, 풍속계가 뭐니?"

목소리가 들릴 만큼 거리가 가까워지자 파마가 대뜸 물었다.

곧바로 아테나의 대답이 날아왔다.

"바람의 속도를 측정하는 장치야."

이리스는 속으로 감탄했다.

'역시 올림포스 학교 최고 똑똑이 언니다워!'

"우산을 들고 있다고 한번 상상해 봐. 빗방울을 막는 천은 없고 우산살만 있는 거로 말이야."

아테나의 설명이 이어졌다.

"우산살 하나하나의 끝에 찻잔을 옆으로 뉘여서 다는 거야. 바람이 우산살을 빠르게 스쳐 지나가면 끝에 달려 있는 찻잔이 바람을 맞겠지? 그러면 네가 쥐고 있는 기다란 우산 자루가 천천히 혹은 빨리 돌기 시작할 거야. 일정 시간 안에 긴 자루가 몇 번 도는지를 세면 바람의 평균 속도를 계산할 수 있어."

아테나는 잔뜩 안고 있던 두루마리 교과서를 내려놓았다. 그러고는 탁자 위에 놓여 있던 찻잔 두 개를 한 손에 하나씩 쥐고서 팔을 쭉 펼쳤다. 그런 다음 천천히 빙글빙글 돌며 풍속계가 어떻게 움직이는지 아이들에게 보여 주었다.

"아, 그렇구나."

이리스가 짐짓 말했다.

'풍속계는 바람의 신 사 형제가 우리 학교에 머무는 진짜 이유를 감추기 위한 위장이야. 그래도 풍속계가 있으면 위험을 미리 감지하는 데 도움이 될 거야. 티폰이라 부르는 초대형 회오리바람이 몰아칠 위험 말이야.'

"나도 이해했어요."

안테이아도 고개를 끄덕이며 말했다. 그러자 파마가 나섰다.

"그래, 그래. 찻잔으로 바람을 어쩌고저쩌고 한다는 거잖아. 알았어, 얼른 다른 아이들한테도 알려야지. 고마워! 안녀어어엉!"

파마가 서둘러 자리를 떴다. 누군가가 오해를 바로잡아 줄 틈도 없었다.

아테나는 이리스와 안테이아를 바라보며 눈만 껌벅였다.

"음, 파마가 제대로 이해한 건지 모르겠네."

"어련하겠어요?"

안테이아가 풋 하고 웃으며 농담을 던지자 이리스도 아테나도 까르르 웃음을 터뜨렸다. 안테이아가 아테나와 이야기를 나누는 사이, 이리스는 지금 막 아테나가 떠나온 자리에 페르세포네가 혼자 앉아 있다는 걸 알아차렸다. 아프로디테와 아르테미스는 이미 식사를 마치고서 쟁반을 반납하러 가고 없었다.

이리스는 지하 세계에 내려가기로 돌연 마음의 결정을 내리고, 페르세포네와 지하 세계에 대해 이야기를 나누어 보기로 했다. 올림포스 학교 여학생 중에 지하 세계에 대해 잘 아는 아이를 꼽으라면 단연 페르세포네가 으뜸이었다. 지하 세계의 신 하데스와 사귀고 있었기 때문에 여러 차례 그곳을 방문했기 때문이었다.

"페르세포네 언니, 안녕하세요?"

이리스가 말을 건네며 페르세포네 옆에 앉았다.

"음, 제가 과학 수업에서 추가 점수를 받으려고 지하 세계에 대한 보고서를 쓰고 있거든요. 몇 가지 물어봐도 돼요?"

물론 꾸며낸 이야기였다. 하지만 페르세포네의 의심을 사지 않고서 정보를 얻으려면 어쩔 수 없었다. 제우스를 실망 시키고 싶지 않았고, 자신이 맡은 임무에 관한 비밀도 지키고 싶기 때문이었다.

페르세포네는 마시고 있던 넥타르를 마저 쭉 마시고서 대답했다.

"물론이지. 곧 수업 시작 리라 종이 울릴 테니 얼른 물어봐."

"지하 세계가 어떻게 배치되어 있는지 궁금해요. 지하 세계를 둘러싸고 강이 흐르고 있는 거 맞죠? 예전에 몇몇 남학생들이 키클롭스 선생님 샌들을 숨겼던 일이 기억나요. 선생님이 화나서 펄펄 뛰었잖아요."

페르세포네는 쿡쿡 웃으며 대답했다.

"그래, 나도 기억나. 선생님 샌들이 하도 커서 그걸 뗏목으로 썼대."

이어 페르세포네는 탁자 주위를 휘휘 둘러보았다. 설명을 도울 만한 물건이 있는지 살피는 듯했다.

"지도를 그려 주면 훨씬 쉬울 텐데 혹시……."

"펜 필요해요?"

이리스는 벌써 가방에서 파란색 펜을 꺼내어 페르세포네에게 내밀고 있었다.

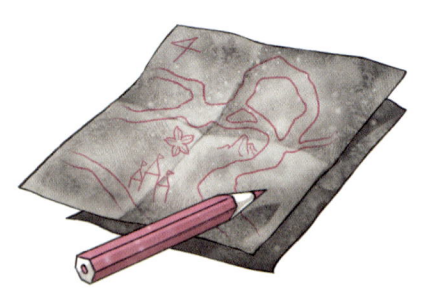

"바로 그거야."

페르세포네는 활짝 웃으며 냅킨을 집어 들더니 지하 세계 지도를 간략하게 그렸다. 그러고는 엘리시온 언덕을 가리키며 말했다.

"여기가 지하 세계에서 가장 살기 좋은 동네야. 이곳으로 가게 된 운 좋은 영혼들은 영원히 잔치를 벌이고 노래를 부르며 즐겁게 지내지."

이어 페르세포네는 지도에 동그라미를 몇 개 더 그려서 아스포델 들판, 섬뜩한 금단의 들판, 타르타로스를 표시했다. 그러고는 지도 전체를 에워싸는 구불구불한 선을 그리고서 펜촉 끝으로 가리켰다.

"이게 스틱스 강이야. 인간 세상과 지하 세계의 경계선이지. 스틱스 강 상류로 가면 높이 솟아 있는 절벽 위에 샘이 하나 있거든. 거기서 솟아난 물이 깎아지른 협곡 사이로 폭포가 되어 쏟아지면서 강을 이루고 있어."

"강을 지키는 여신에 대해서도 알려 줘요."

"스틱스 여신님 말이니?"

페르세포네는 '글쎄.'라는 듯이 어깨를 들썩였다. 그러자 붉은 곱슬머리가 한쪽 어깨 앞으로 스르륵 흘러내렸다.

"카론의 배를 타고 강을 건널 때 손을 흔들어 인사하긴 하는데 직접 만나 본 적은 없어. 스틱스 여신님은 폭포 밑에 살아. 그리고 늘 카론의 배를 주시하고 있지. 아마 누가 배에서 떨어지기를 바라고 있는 것 같아."

그때 학교 전령이 식당에 나타나 리라 종을 울렸다.

"올림포스 학교 학생 여러분! 5분 뒤 1교시가 시작됩니다. 어서 빨리 교실로 돌아가 주시기 바랍니다."

페르세포네는 쟁반과 두루마리 교과서를 들고 자리에서 일어났다.

"도움이 되었으면 좋겠네."

페르세포네가 방긋 웃으며 말하자, 이리스는 열심히 고개를 끄덕였다.

"엄청나게 도움이 됐어요. 언니, 고마워요!"

대답을 하자마자 이리스의 머리에 새로운 질문이 떠올랐다. 하는 수 없이 이리스는 쟁반을 반납하러 가는 페르세포네의 뒤를 졸졸 따라갔다.

"언니, 하나만 더 물어볼게요. 카론의 배에서 누가 떨어지면 어떤 일이 벌어져요?"

페르세포네는 뭔가를 한입 크게 베어 무는 시늉을 요란스럽게 했다.

"덥석! 강 속에 사는 끔찍한 괴물들한테 잡아먹히지."

"아……."

이리스는 맥이 쑥 빠졌다.

"언니, 고마워요."

이리스는 그 자리에 선 채 페르세포네가 들려준 이야기를 곱씹었다. 그러다 문득 보니 안테이아가 이리스를 찾느라 사방을 두리번거리고 있었다. 이리스는 얼른 퇴식구 뒤로 몸을 숨겼다가 식당 밖으로 살금살금 빠져나갔다. 안테이아한테 걸리면 제피로스한테 보낼 편지를 써 달라고 다시 조를 게 분명했다. 아니면 지하 세계로 가는 임무에 대해 꼬치꼬치 물어볼 수도 있었다.

'예상 외로 위험한 임무일지도 몰라. 무섭긴 하지만 가서 주전자를 구해 와야지. 안테이아 없이 나 혼자 해내야 해. 내 단짝을 위험에 빠트릴 수 없어!'

이리스는 복도를 지나 행정실로 갔다. 오전에 스틱스 여신을 만나려면 1교시부터 3교시까지 빠져도 된다는 허락을 받아야 했다. 이리스는 속으로 행운을 빌며 히드라 선생님 자리 쪽으로 다가갔다. 아이들이 이미 길게 줄을 서 있었다. 이리스는 줄 끝에 서서 히드라 선생님의 파란 머리와 눈이 마주칠 때까지 한참을 서성였다.

"아, 히드라 선생님. 안녕하세요?"

기회가 오자 이리스는 아무렇지도 않은 척 말을 꺼냈다.

"교장 선생님께서 숙제를 내셔서 지하 세계에 다녀와야 해요.

그런데 교장 선생님께서 깜박하시고 지하 세계 방문 허가증을 내주지 않으셨어요."

올림포스 학생이 수업 시간 중에 지하 세계에 가야 할 때는 '지하 세계 방문 허가증'이 필요했다. 또 인간 세상을 다녀올 때는 '인간 세상 탐방 허가증'을 받아야 했다. 물론 수업을 빠지고 가야만 하는 이유가 분명해야 했고, 히드라 선생님의 파란 머리에게 무사히 허가증을 부탁할 수 있게 운도 따라야 했다. 파란 머리 선생님은 학생의 요청이 어느 정도 합리적이라면 잘 들어주는 편이었다.

"그렇구나. 알았어."

파란 머리 선생님이 대답했다. 호기심 많고, 소문 좋아하는 분홍 머리 선생님이 다른 학생을 상대하느라 바빠서 다행이었다. 만약 분홍 머리 선생님이 들었다면 이리스에게 지하 세계에 가서 정확히 무엇을 하려는 건지 밝히라고 할 게 분명했다. 이리스는 허가증을 받자마자 고맙다는 인사를 하고서 얼른 행정실을 빠져나왔다.

탕, 탕!

학교 밖으로 나서는데 뭔가 단단한 것을 깨는 소리가 들려왔다. 학교 뜰에는 바람의 신 사 형제가 풍속계에 장식할 조각상을 위해 자세를 취하고 있었다. 그 앞에서는 유명 조각가 피그말리온이 부지런히 망치를 놀리며 커다란 대리석을 깨고 있었다.

'파마 언니가 피그말리온이 온다는 소식은 제대로 전했네.'

제피로스와 그의 형제들은 조각가를 향해 근육을 뽐내며 한껏 웃고 있었다. 각자 나름대로 생각하는 위엄 넘치고 남자다운 모습을 영원히 남기고 싶어 그런 듯했다. 게다가 조각이 가장 잘 보이는 앞쪽 중간 자리를 차지하기 위해 바람의 신 사 형제가 서로를 팔꿈치로 찔러 가며 밀어내고 있었다.

'학교에 풍속계가 있으면 근사할 거 같아. 부디 지하 세계에서 무사히 돌아와서 풍속계가 작동하는 걸 볼 수 있어야 할 텐데.'

이리스는 날개 샌들을 신기 위해 현관 계단에 자리를 잡고 앉았다. 그때 제피로스가 피그말리온에게 말하는 소리가 들렸다.

"내가 앞에 서야 해요. 서풍이 가장 인기 있잖아요. 따뜻하고, 차분하고, 봄날을 느끼게 하는 바람이니까요."

이리스는 제피로스의 말을 듣고 은근히 놀랐다.

'어머, 이제 봤더니 제피로스도 보레아스만큼이나 잘난 척을 하네!'

잠자코 있을 보레아스가 아니었다.

"말도 안 돼! 내가 가운데 서야지. 북풍은 새해가 시작되는 1

월에 불잖아. 1년 중 가장 먼저 부는 바람이니 내가 가장 눈에 띄는 자리를 맡는 게 맞아. 게다가 내 바람은 인간들을 움츠러들게 만든다고. 차갑고 강한 바람, 그게 바로 나 보레아스 님이야!"

"흥, 그럼 난?"

에우로스도 나섰다.

"가을에 부는 동풍도 매섭거든? 인간들이 미처 예상하지 못할 때 차가운 바람을 몰아친다고."

노토스도 한마디 했다.

"그래, 하지만 여름에 부는 남풍도 인정사정없어. 아무한테나 물어봐."

"너희들 나만큼 중요한 바람이 되고 싶어서 안달복달이구나."

보레아스의 말에 노토스와 에우로스가 보레아스를 주먹으로 퍽 치며 발끈했다.

"어휴! 그게 말이 되는 소리야?"

샌들 끈이 이리스의 발목을 타고 오르는 사이, 사 형제는 계속해서 자신이 가운데 자리를 맡아야 하는 이유를 대며 티격태격했다. 이리스는 제피로스가 보레아스처럼 오만하게 구는 걸

보며 깜짝 놀랐다.

'어느 쪽이 제피로스의 진짜 모습일까? 이쪽? 아니면 하피 언니 카페에서 내가 좋아하게 된 그 모습?'

이리스는 제피로스에게 묻고 싶었던 게 있다는 걸 떠올리고서 사 형제가 있는 곳으로 갔다.

"오, 우리 무지 발랄 해피 하피 무지개 소녀 아니신가?"

보레아스가 이리스를 보자마자 소리치더니 푸핫 하고 웃음을 터뜨렸다.

"하, 하, 하."

이리스는 가짜 웃음으로 되받아쳐 주고서 제피로스를 향해 돌아섰다.

"잠깐 얘기 좀 나눌 수 있을까?"

제피로스가 한쪽 눈썹을 추켜세우더니 거만한 목소리로 대답했다.

"내가 지금 좀 바쁜데."

이리스는 제피로스가 조금 전에 형제들에게 뻐겨 대던 태도 그대로 자신을 대한 데 또다시 놀라고 기분이 확 상했다. 그래도 알 건 알아야겠기에 제피로스를 옆으로 끌어당겼다.

"교장 선생님이 출타 중이셔. 티가 언제 습격할지 모르는데 왜 학교를 비우신 건지 모르겠어."

제피로스는 어찌해야 할지 모르는 것 같았다.

"올림포스 학교 학생과는 이 이야기를 나누면 안 되는데."

이리스는 다른 이들이 엿듣지 못하도록 제피로스에게 더 가까이 다가서며 말했다.

"이게 다 우리 학교를 위험에서 구할 계획의 일부인 거지?"

이리스는 점점 신이 났다.

"제피로스, 혹시 교장 선생님이 티를 몰아내러 가신 거야?"

이리스는 제피로스의 화들짝 놀란 표정을 보고서 답을 확신했다.

"오호라! 내가 맞혔구나?"

"알나리깔나리, 제피랑 하피랑 사귄데요!"

보레아스가 큰 소리로 놀려 대더니 배를 잡고 웃었다. 그러자 나머지 둘도 풋 하고 웃음을 터뜨렸다.

'보레아스가 사 형제 중 대장이라도 되나? 다들 보레아스가 자기 마음대로 굴게 내버려 두잖아. 저렇게 남을 못살게 구는 데도 말이야!'

보레아스가 이리스를 놀리는 데도 나머지 형제를 비롯해 제피로스까지 가만히 있자, 이리스는 정말로 마음이 상했다. 짜증

이 마구 치밀어 올랐다.

'안테이아한테 양보하기를 잘한 것 같아!'

"뭐, 알겠어."

이리스가 뒷걸음치자 제피로스가 한 걸음 다가섰다.

"잠깐만!"

제피로스가 미안해하는 것 같았지만 이리스는 매몰차게 뒤돌아섰다.

"안녕."

이리스는 날개 샌들의 힘을 빌려 도망치듯 자리를 떴다. 하지만 이리스는 지하 세계로 바로 가지 않고 다시 올림포스 학교 계단을 올라갔다. 이윽고 이리스는 복도 안을 쌩하니 날았다. 규칙상 학교 안에서는 날개 샌들 착용이 금지되어 있었다. 이리스는 날개 샌들을 신고 있는 모습을 누군가에게 들킬까 봐 걱정되었지만 날개 샌들의 속력을 더 높였다. 한때 제피로스와 사귀고 싶었던 마음을 어서 빨리 싹 잘라 내고 싶었다.

'지금 당장! 그래야 돌이킬 일이 없지.'

이리스는 가방을 열어서 안테이아가 건네준 두루마리 편지지를 꺼낸 다음, 벽에 붙은 벤치에 자리를 잡고 앉았다. 그러고는 펜을 꺼내어 편지지를 무릎 위에 잘 폈다. 안테이아가 부탁한 편지를 쓰기 시작할 때까지도 이리스는 여전히 제피로스한테 화가 나 있었다. 그런데 무슨 말을 쓸지 고민하다 보니 얼마 전 카페에서 이야기를 나눌 때 꼽았던 제피로스의 장점이 다시 떠올랐다. 이리스는 다음과 같이 편지를 썼다.

네 머리칼 가볍게 휘날릴 때
하늘색 네 눈동자 반짝일 때
부드러운 봄바람 일으킬 때
그럴 때 난 너를 좋아해.
그렇게 우리 서로 좋아해.

널 몰래 짝사랑하는 이로부터

이리스는 두루마리 편지를 쪽지 크기로 작게 접은 다음 리본으로 묶었다.
'완벽하진 않지만 급하게 쓴 것 치고는 나쁘지 않은 것 같아.'
이리스는 쪽지 바깥쪽에 받는이의 이름을 쓰지 않았다.
'안테이아라면 이 편지가 누구한테 보내는 건지 금세 알 거야.'
이리스는 1교시 영웅학 교실로 쏜살같이 이동했다. 열린 문

틈을 빼꼼 들여다보니 키클롭스 선생님이 뒤돌아서서 칠판에 글씨를 쓰고 있었다. 교실 문 바로 옆에는 메두사가 앉아 있었는데 마침 이리스 쪽으로 고개를 돌렸다. 이리스는 쪽지를 들어보이고서 소리 내지 않고 입 모양만으로 안테이아의 이름을 말했다. 그러고는 교실 안쪽에 앉은 안테이아를 가리켜 보였다.

메두사는 알아들었다는 듯이 고개를 끄덕이고서 소리 없이 자리에서 일어나더니 쪽지를 받아 얼른 더 작게 접어 키톤 호주머니에 넣었다. 바로 그때, 키클롭스 선생님이 돌아서더니 문간에 선 메두사를 보았다. 이리스는 얼른 고개를 숙여 아슬아슬하게 키클롭스 선생님의 눈길을 피했다. 메두사는 애당초 문을 닫으러 간 것처럼 태연하게 행동했다.

이리스는 복도에 서서 교실 문에 달린 유리창 너머로 메두사가 자리에 앉는 걸 보았다. 메두사는 곧바로 디오니소스에게 뭐라고 속삭이고서 호주머니에서 쪽지를 꺼내어 넘겼다. 디오니소스는 키클롭스 선생님에게 걸리지 않도록 조심하면서 쪽지를 에로스에게 넘겼고, 에로스가 다시 다른 학생에게 전하면서 쪽지가 바쁘게 교실을 오갔다.

얼마 지나지 않아 안테이아가 쪽지를 받았다. 안테이아는 선생님에게 들키지 않도록 고개를 푹 숙이고서 쪽지를 폈다. 자신이 이리스에게 부탁했던 편지란 걸 깨달은 안테이아는 고개를 들고 주위를 휘휘 살피다가 유리창 너머에 있는 이리스를 보았다. 안테이아는 미소로 고맙다는 뜻을 전하고서 엄지를 들어 보였다. 이리스도 웃으며 손을 흔들고는 키클롭스 선생님이 보기 전에 얼른 길을 떠났다.

'오늘의 선행 완료!'

이리스는 기분이 좋아져서 날개 샌들에 몸을 맡긴 채 현관으로 미끄러지듯이 날아갔다.

'제피로스가 그런 식으로 나오지 않았더라면 안테이아의 고백 편지를 쓰지 않았겠지. 차라리 잘된 일 같아! 안테이아를 위해 편지를 썼으니 제피로스에 대한 내 호감은 싹 다 잊어버릴거야.'

안테이아는 다시 학교 현관문을 나섰다. 이번에는 바람의 신사 형제 곁을 쌩하니 지나 곧바로 지하 세계로 향했다. 제피로스와 그의 형제들이 있는 쪽은 눈길조차 주지 않았다!

이리스는 지하 세계를 향해 부지런히 날아가면서 내내 무지개를 만드는 연습을 했다. 앞으로 닥칠 일을 가능한 떠올리지 않고, 두려움을 떨쳐 내기 위해서였다. 이리스가 만들어 내는 무지개는 점점 더 크기가 커졌고, 조준 실력도 한결 더 좋아지고 있었어.

'실력이 늘고 있어! 학교에 돌아갈 때쯤이면 내가 무지개의 여신이 될 만하다는 걸 증명할 만큼 충분한 실력을 갖추게 될 거 같아. 교장 선생님한테 주전자를 갖다 드리면 기분이 좋아지실 테니 기회도 딱 좋아!'

이리스는 가끔씩 페르세포네가 그려 준 지도를 꺼내어 길을 확인했다. 이윽고 이리스는 강기슭에 내려섰다. 페르세포네가 알려 준 대로 까마득한 절벽 위에서 깊은 협곡 속으로 폭포가 쏟아지고 있었다. 폭포수는 곧 음울한 진흙탕 물이 흐르는 스틱스 강이 되어 이리스가 서 있는 강둑 옆을 세차게 흘렀다.

'여기가 분명해. 그런데 스틱스 여신의 집은 어디지?'

이리스는 절벽을 한참 동안 살핀 끝에 폭포 밑에서 뭔가를 발견했다. 방 한 칸 크기 정도의 바위가 툭 튀어나와 있었다. 바위 위에는 탁자와 가구 몇 점이 놓여 있고, 벼랑에는 선반과 벽난로가 하나 있었다. 별다른 벽이나 문 없이 사방이 완전히 탁 트인 집이었다.

이리스는 바위 아래쪽의 섬뜩한 회색 강물을 내려다보자 걱정이 들었다. 날개 샌들을 신고 가기에는 절벽 위의 집이 너무 높이 있었다.

'무지개를 이용해 볼까? 내 몸무게를 견딜 만큼 튼튼한 무지개를 만들 수 있을까? 만약 무지개가 흔들리거나 부서져서 떨어진다면 난 강 속 괴물한테 잡아먹힐 수도 있어. 괴물이 아니라도 악어 같은 수중 생물이 살고 있을 지도 몰라. 으!'

이리스는 소름이 쫙 끼쳤다.

'그래. 아직은 아냐.'

이리스는 용기가 나지 않았다. 그렇다고 여기까지 와서 그냥 포기할 수도 없었다. 이리스는 마음이 바뀌기 전에 몸을 앞으로 숙였다. 날개 샌들이 쌩하고 협곡을 가로질렀다. 이리스는 폭포 안쪽 바위에 착지했다. 그러고는 보통 걸음으로 움직일 수 있도록 뒤꿈치의 은색 날개에 샌들 끈을 감았다.

벽난로에 불이 피워져 있는데 주인은 보이지 않았다. 이리스는 스틱스 여신을 목청 높여 불러 보았다.

"스틱스 여신님? 계세요?"

아무런 대답도 들리지 않았다. 이리스는 혹시 주위에 주전자가 있는지 둘레둘레 둘러보았다. 벽면에 홈이 잔뜩 나 있는데 그 안에 온갖 기념품이 가득했다. 아주 작고 파란 도롱뇽 알 세 개가 들어 있는가 하면, 자작나무 잔가지 묶음도 있었다. 어느 선반에는 반짝이는 물고기 비늘이 잔뜩 담긴 유리병이 올라 있고,

너무 자세히 살펴보고 싶지 않은 이상한 물건들도 보였다.

이리스는 벽난로 선반에서 〈주간 그리스 신문〉에 나온 기사로 만든 액자를 잔뜩 발견했다. 올림포스 학교에서 4년에 한 번씩 열리는 올림픽 기사가 대부분을 차지하고 있었다. 이리스는 눈을 찡그려 가며 사진을 자세히 들여다보았다.

'어? 거인 형제 오토스와 에피알테스네? 이 둘이 얼마 전 올림픽 때 말썽을 잔뜩 일으켰는데.'

좀 더 살펴보니 올림포스 학교 학생에게 호의적인 기사도 있었다. 아폴론이 활쏘기 시합에서, 아레스가 창던지기 시합에서 우승한 사진도 있었다.

이리스는 혼란스러웠다.

'제피로스 말에 따르면 올림포스 신과 거인족 티탄은 오래 전부터 서로 불신했다잖아. 그럼 스틱스 여신은 누구 편이지?'

이리스는 굳이 답을 알고 싶지 않아서 뒤로 물러섰다. 뒤돌아서서 떠나려는 순간, 이리스의 눈에 무언가가 띄었다. 나뭇등걸로 만든 탁자에 주전자 하나가 떡 하니 놓여 있었다! 벽면에 장식된 물건을 구경하느라 정신이 팔려서 보지 못하고 지나친 모양이었다. 위에 마개가 달린 암회색 주전자였다. 그 밖에 다른 주전자는 보이지 않으니 이 주전자가 제우스가 원한 물건임에 틀림없었다.

　마음이 달뜬 이리스는 쪽지를 남기려고 얼른 펜을 꺼내 들었다. 제우스의 요청으로 잠시 주전자를 빌려 가는 것이고 나중에 다시 가져다 놓겠다고 쓰려는 순간, 문득 이리스는 주전자 안을 확인해 보고 싶어졌다.

　'어라? 비어 있잖아! 교장 선생님이 주전자 안에 물이 들어 있을 거라고 했는데. 이제 어쩌지?'

　어찌할 바를 모르고 서 있는데 어디서 파팍 하고 물이 튀는 소리가 들렸다. 이리스는 무슨 일인지 확인하기 위해 바위 아래쪽을 내려다보았다. 한 마법사가 빙글빙글 춤을 추면서 강 속에서 솟아 오르고 있었다.

　'어머, 이쪽으로 오고 있네!'

　늙은 마법사는 순식간에 바위에 도착했다. 마법사의 낯빛이 어두웠다. 온몸이 빙글빙글 도는 데도 상대의 속을 꿰뚫는 듯한 두 눈으로 계속 이리스를 노려보았다. 물방울이 이리스 쪽으로 사정없이 튀었다. 이리스는 놀라서 주춤주춤 뒤로 물러났다.

　'이 분이 스틱스 여신일까?

8 주전자 도둑

"이 주전자 도둑!"

마법사가 이리스의 손에 들려 있는 주전자를 보고 소리쳤다.

"감히 스틱스 여신의 물건을 훔치려 하다니! 자, 뭐라고 변명할 작정이냐?"

마법사가 확 다가오자 이리스는 놀라서 뒤로 풀쩍 물러났다.

'이런! 허둥지둥 빠져나가려다가 되레 불속으로 뛰어들어 버렸네!'

"저, 저는 주전자 도둑이 아니에요. 그게, 그러니까, 훔치려던 게 아니에요. 쪽지를 남길 작정이었어요."

이리스는 주전자와 가방을 가슴에 꼭 부여안은 채 당황해서 말을 더듬거렸다.

'이곳에 오지 말았어야 했는데. 내가 무슨 일을 벌인 걸까?'

마법사의 모습을 한 스틱스 여신이 여전히 이리스 주변을 빙글빙글 돌면서 쏘아붙였다.

"흥, 뻔한 소리! 넌 누구냐? 무슨 꿍꿍이를 벌이고 있는 거지?"

'스틱스 여신이 날 절벽 아래 강으로 던져 버리면 어떻게 하지? 그보다 더 나쁠 수도 있어. 타르타로스에 보내 버리면 어떻게 해? 불멸의 존재라 해도 자신보다 더 강력한 신의 기분을 상하게 했다가는 타르타로스에 갇힐 수 있잖아. 표정을 보니 나 때문에 기분이 많이 상한 것 같은데!'

이리스는 여전히 벽에 딱 붙어 서서 얼른 숨을 골랐다.

'용감해져야 해. 용기라면 아르테미스 언니인데 언니라면 이 상황에서 어떻게 했을까?'

곧바로 답이 떠올랐다.

'그래, 아르테미스 언니라면 스스로를 딱 부러지게 옹호했을 거야!'

이리스는 자세를 꼿꼿이 세우며 입을 열었다.

"전 이리스라고 해요. 무지개의 여신이죠."

생각지도 않은 거짓말이 흘러나왔다. 하지만 솔직하게 털어놓았다간 스틱스가 주전자를 가져가게 둘 리가 없었다. 이리스가 올림포스 학교 학생이며 불멸의 존재인 건 맞지만, 무언가를 관장하는 여신이 될 만큼 '중요한' 인물이 아니라면 무시만 당하다 끝날 것 같았다.

"말씀 드린 것처럼 주전자를 잠시 빌려 가려 한 것뿐이에요. 도로 가져다 드린다고 약속할게요. 전 그저……."

이리스는 슬며시 옆으로 걸음을 옮겼다.

물을 튀기며 빙글빙글 돌던 마법사 모습의 스틱스 여신이 갑자기 급강하해서 바위 끝에 딱 멈춰 서더니 여자로 변신했다. 몸 전체가 질퍽거리는 진흙탕 물 소용돌이로 이루어져 있고, 얼굴 옆에는 긴 물줄기로 된 머리카락이 일렁거리고 있었다.

"그렇게 쉽게 빠져나갈 수 있을 것 같니?"

스틱스 여신이 성큼 다가서자 이리스는 후다닥 뒤로 물러났다. 그런데 황급히 움직이느라 불행히도 벼랑 끝에 너무 가까이 다가서고 말았다. 스틱스 여신이 이리스를 쫓아와서 주전자를 홱 잡아채자 이리스는 그대로 바위에서 떨어져 버렸다!

'안돼애애애애!'

이리스는 협곡 아래로, 아래로, 아래로 곤두박질쳤다. 귀에

바람 소리가 쌩쌩 스쳐 지나갔다. 이리스가 들고 있던 가방이 휙 날아갔다. 이리스는 아끼는 가방이 질척거리는 회색 강물 속으로 사라지는 걸 하릴없이 지켜봐야 했다. 이제 케익스가 헤라에게 보내는 답장을 전할 방법이 없었다.

'지금 그런 걱정을 할 때가 아니야!'

이리스도 가방이랑 같은 처지가 되지 않으려면 서둘러 방법을 찾아야 했다. 그런데 도저히 샌들 끈을 풀 겨를이 없었다.

'그래, 이거라도 해 보자!'

디리리리링!

협곡 안에 익숙한 하프 소리가 울려 퍼졌다. 이리스가 저 아래 강기슭으로 마법 공을 힘껏 날린 것이었다. 손가락에서 빛줄기가 뻗어 나가더니 열 몇 걸음 정도 아래 협곡에서부터 반대편 강기슭까지 무지개가 뻗어 나갔다.

쿵!

이리스가 무지개 위에 내려섰다. 그러나 무지개 표면이 미끄러워서 몸이 휘청하더니 곧장 무지개 밖으로 튕겨 나가 버렸다. 허우적거리다 가까스로 무지개 가장자리에 매달린 이리스는 발 디딜 만한 곳을 찾아내어 몸을 다시 위로 휙 날렸다. 이내 이리스는 반짝이는 무지개 위에 올라섰다.

"거기 무슨 일 있어어어어어어?"

갑자기 누군가 소리쳤다. 마치 깊은 동굴 속에서 울려 퍼지는 것처럼 낮고 묵직한 목소리가 메아리쳤다.

이리스는 아직도 벌렁거리는 가슴을 진정시키려 애쓰면서 무릎을 꿇고 앉아 목소리가 나는 곳을 살펴보았다. 그러나 위아래를 다 살펴보아도 아무도 보이지 않았다. 마지막으로 이리스는 무지개 끝이 닿아 있는 강기슭 쪽을 내려다보았다. 이 몸서리나는 임무고 뭐고 다 잊고 당장 학교로 돌아가고 싶은 생각뿐이었다. 고개를 반대편으로 돌려 보니 스틱스가 아직도 바위 위에 서서 두 손에 주전자를 꼭 쥔 채, 이리스를 노려보고 있었다. 아마 이리스가 강에 떨어져 지금 막 고함을 지른 '어떤 존재'한테 잡아먹히길 바란 듯했다.

'흥!'

이리스는 화가 머리끝까지 올라왔다.

"어디 두고 보자고요!"

이리스는 마음이 바뀌기 전에 다시 한 번 용기를 냈다. 그러고는 무지개를 타고서 스틱스 여신 곁에 다시 내려섰다.

"짜잔, 저 돌아왔어요!"

그런데 이리스의 예상과 달리 스틱스 여신은 짜증을 내는 게 아니라 갑자기 움찔움찔 경련을 일으켰다. 주위를 두리번거리는 모습이 어디선가 귀신이라도 튀어나올까 봐 겁을 먹은 듯하기도 했다.

"무슨 일이냐니까아아아아?"

낯선 목소리가 다시 말을 걸었다.

그때 이리스가 딛고 서 있는 바위에 금이 쭉 갔다.

'앗!'

이리스가 뒤로 풀쩍 물러났다. 이내 땅이 쫙 갈라지더니 뭔가가 밖으로 튀어나왔다. 몸이 진흙과 돌덩이로 된 여자였다!

그 여인이 입을 채 떼기 전에 스틱스 여신이 살짝 비꼬는 듯한 미소를 지으며 먼저 말을 걸었다.

"가이아! 이곳까지 들러 주다니, 정말 반가워. 우리가 마지막으로 만난 게……."

"전쟁 때였지."

가이아가 대신 말을 맺었다. 그러나 가이아의 관심은 온통 이리스한테 쏠려 있었다.

"어머나, 손님이 왔네?"

가이아가 스틱스 여신에게 말을 건넸다.

"바싹 곯은 몸에서 빛이 나고 악취가 진동하는 걸 보니 올림포스 학교 아이로군."

'이 여자가 대지의 여신 가이아라고?'

이리스는 어이가 없었다.

'참나, 지금 악취를 풍기는 건 내가 아니라 그쪽이거든요!'

가이아는 썩은 낙엽, 벌레가 우글대는 나무 등걸, 독버섯, 축축한 땅에서 올라오는 냄새를 한데 섞은 듯한 악취를 풍겼다. 자세히 보니 가이아의 진흙투성이 머리카락에는 거미줄, 작은 뼈다귀, 이끼 덩어리가 엉켜 붙어 있었다.

'으으윽!'

이리스는 어서 빨리 그곳을 벗어나고 싶었다. 하지만 주전자를 가져가야만 했다! 만약 이리스가 자신의 오라를 볼 수 있다면 지금쯤 아마 투지 넘치는 빨간색이 아니라 병든 닭 같은 시들시들한 노란색(보기만 해도 행복해지는 환한 노란색과 완전히 다른 색깔이었다)일 것 같았다. 온몸이 부들부들 떨리고 있었으니 말이다.

가이아는 이리스 주위를 한 바퀴 돌며 찬찬히 훑어 보았고, 이리스는 그런 가이아의 움직임을 눈으로 따라가며 살폈다.

"올림포스 신은 정말 성가신 존재야."

가이아가 투덜거리자, 스틱스 여신이 코웃음을 쳤다.

"티탄은 아닌가?"

그러자 가이아가 버럭 화를 냈다.

"감히 내 아들을 욕하는 거야?"

"티폰은 아둔해. 순 멍청이지."

이리스는 순간 귀가 번쩍하고 눈이 휘둥그레졌다.

'티폰이 가이아의 아들이었어?'

"그럼 올림포스 신은 그러어어엏게 똑똑한 거 같아?"

가이아가 스틱스에게 되묻더니 눈살을 찌푸리며 이리스 쪽을 쳐다보았다.

"그럼 어디 이 아이로 시험해 볼까?"

이어 가이아는 이리스에게 물었다.

"그래, 똑똑이. 넌 여기 뭣 때문에 온 거냐?"

'똑똑이?'

이리스는 곧바로 아테나가 떠올랐다. 아테나라면 이럴 때 거침없이, 자신이 바라는 바를 명료하게 밝힐 것 같았다.

'그래, 그게 현명한 행동일 것 같아.'

이리스는 단호한 목소리로 대답했다.

"저는 저 주전자가 필요해요. 물이 가득 찬 채로요."

그러자 가이아가 스틱스 여신에게 말했다.

"이런, 이런. 손님 대접을 어떻게 하는 거야? 주전자에 물을 채워 줘. 애가 목이 마르나 보네."

스틱스 여신과 가이아가 서로를 묘한 표정으로 쳐다보았다. 그러나 이리스는 그 표정의 뜻을 알 수가 없었다.

"알았어. 간섭쟁이 같으니라고."

스틱스 여신이 주전자를 든 채 바위에서 휙 뛰어내려 풍덩 하고 강 속으로 들어갔다.

스틱스 여신이 자리를 비우자, 가이아는 이리스를 힐끗 쳐다보고는 벽난로 위에 붙은 기사에 관심을 돌렸다.

"어이, 꼬맹이. 나도 한때는 올림포스 신들을 위해 싸웠다는 걸 알고 있니? 더는 아니지만 말이야."

가이아는 태평하게 기사가 든 액자를 하나하나 넘어뜨려 벽난로 불속으로 밀어 넣었다. 그러고는 남아 있는 티탄의 기사들을 똑바로 고쳐 세웠다. 가이아가 그중 하나를 들여다보며 얼굴 가득 미소를 지었다.

이리스가 목을 쭉 빼고 쳐다보니 '티탄 다시 이기다!'라는 기사 제목이 언뜻 보였다. 더 자세히 들여다보니 기사 주인공의 이름도 눈에 들어왔다.

'티, 폰……. 티폰? 역시 교장 선생님을 파멸시키겠다고 나선 괴물 티폰이 가이아의 아들인 게 확실해! 앞뒤가 딱딱 맞잖아. 전쟁이 끝난 뒤 교장 선생님이 티폰을 가둬 버려서 그에 대해 원한을 품고 있는 거지.'

그때 이리스가 함께 있다는 걸 깜박한 듯 가이아가 혼자 중얼거렸다.

"우리 아들. 곧 이 엄마를 자랑스럽게 만들어 줄 거지?"

이제 이리스는 모든 상황이 이해가 갔다.

'그때 교장 선생님이 누군가 티폰을 타르타로스에서 꺼내 주었을 거라고 말씀하셨어. 그게 가이아였던 거야! 여기서 가능한 빨리 빠져나가야 해. 교장 선생님께 이 사실을 어서 알려야만 해!'

마치 이리스의 생각을 읽기라도 한 듯이 가이아가 이리스를 날카롭게 노려보았다.

"정말로 주전자를 가져가고 싶다면, 먼저 그 안에 담긴 물을 마시고 시험을 통과해야 해. 물론 시험에 실패하면 그에 따른 대가를 치르게 될 거야."

그때 스틱스 여신이 다시 나타났다. 가이아의 말을 들은 게 틀림없었다.

"마셔라."

스틱스 여신이 이리스에게 주전자를 내밀었다.

이리스는 물을 마시기 전에 주전자를 자세히 살펴보았다. 그리고 주전자에 글귀가 새겨져 있다는 걸 처음으로 알아차렸다. 몸체에 아로새겨진 무늬 때문에 보이지 않았던 모양이었다.

**이 물을 마시고 거짓말하는 자는
누구든 깜짝 놀랄 불행을 당하리라.**

'음, 별로 마음에 안 드는 구절이네. 이 주전자가 일종의 거짓말 탐지기라는 걸까? 교장 선생님은 이 주전자를 어떻게 이용해서 우리 학교를 티폰으로부터 구할 작정이신 거지?'

이리스가 스틱스 여신과 가이아를 번갈아 쳐다보며 물었다.

"깜짝 놀랄 불행이 뭐예요?"

가이아가 사악한 웃음을 뱉으며 대답했다.

"우리는 알고 있지만 넌 모르는 게 나을 거야. 자, 이제 주전자에 든 물을 마셔라. 그러면 내가 세 가지 질문을 던질 거다.

네가 진실하게 대답하면 모든 게 잘 풀릴 거야."

'진실하게 대답하지 않으면? 그럼 어떻게 되는 거지?'

이리스는 얼른 머리를 굴린 다음, 고개를 절레절레 흔들었다.

"으윽! 죄송해요. 강물이 너무 더러워 보여요."

그러자 스틱스 여신이 어이없다는 듯이 눈을 굴리면서 바닥에 물을 부었다. 햇살을 받아 반짝반짝 빛나는 깨끗한 물이 주전자에서 흘러나왔다! 이리스는 마지못해 주전자를 다시 받아 들었다. 그러고는 주둥이에 입을 갖다 대고서 차가운 물을 한 모금 마셨다. 예상 외로 물맛이 좋았다!

"내 주전자야. 그러니까 내가 먼저 질문할 거야."

스틱스 여신이 말했다. 그러자 더 가까이에 서 있던 가이아가 이리스 주위를 빙글빙글 돌며 선수를 쳤다.

"정말로 올림포스 학교에서 왔느냐?"

"네."

대답하기 어렵지 않은 질문이었다. 이리스는 가이아의 움직임을 따라 고개를 돌리며 되물었다.

"이 주전자 말이에요. 일종의 거짓말 탐지기인 거죠?"

가이아가 인상을 확 찌푸렸다.

"정말로 주전자를 가져가고 싶다면 우리 질문에 질문으로 대답하지 마. 자, 제우스는 어디에 있냐? 소문에 들자 하니 올림포스 산을 잠시 떠나 있다던데?"

이번에도 이리스는 냉큼 대답했다.

"정확히 어디에 계신지 몰라요."

사실이었다. 아마 그라이아이의 상담실에 있을 텐데, 이리스는 거기 가 본 적이 없어서 정확한 위치를 알지 못했다.

"다음 질문은 내가 할 거야."

스틱스 여신이 나서자, 가이아가 거친 말을 쏟아부었다.

"입 닥쳐, 바보야."

"너야 말로 입 닥쳐. 이건 내 주전자야. 내가 다음 질문을 던질 거라고!"

가이아는 물러서지 않았다.

"어디 한번 해 보시지."

이내 싸움이 시작되었다. 두 여신이 서로의 주위를 빙글빙글 돌자 물과 흙이 마구 뒤섞였다. 이내 두 여신은 분노로 온몸을 비틀어 대는 거대한 진흙 덩어리로 변했다. 정말이지 섬뜩한 광경이었다!

진흙탕 물이 이리스 쪽으로 줄줄 흘러오는 바람에 이리스는 그만 바위 바깥으로 미끄러지고 말았다. 이리스는 꺅 하고 비명을 지르며 주전자를 꽉 붙잡았다. 또다시 몸이 협곡으로 떨어져 내렸다. 조금 전에 만든 무지개는 이미 사라지고 없었다.

'또다시 운에 맡기는 수밖에! 이번에는 정말로, 진짜 길고 커다란 무지개를 만들 거야. 그걸 타고 학교까지 쭉 가야지!'

이리스는 있는 힘껏 마법 공을 던졌다.

디리리링!

"우아! 어이, 이리스. 나쁘지 않은데!"

이리스는 스스로를 격려하며 새로 만든 무지개 위에 착 내려섰다.

실제로 이리스의 무지개는 꽤 튼튼할 것 같았고 보이지 않을 정도로 멀리 뻗어 있었다. 머리 위 협곡에서 두 여신이 싸우는 소리가 여전히 들려왔다.

'저들이 내가 없어졌다는 걸 알아차릴 때까지 시간이 얼마나 남았을까?'

그래도 주전자를 손에 넣었다는 생각에 용기가 생긴 이리스는 알록달록한 빛줄기를 타고 스틱스 강으로부터 쌩하고 멀어져 갔다.

올림포스 학교까지 반쯤 갔을 때, 이리스는 무지개의 정상에 도달했다. 그런데 그 순간 갑자기 무지개가 심하게 흔들렸다.

'오, 이런!'

이내 이리스는 추락하기 시작했다.

'오늘 하루 동안만 벌써 세 번째야! 결국 타고 이동할 수 있을 만한 무지개를 만드는 데 실패하고 말았어. 가이아와 스틱스 여신이 싸우는 동안 내가 주전자를 훔쳐 달아났다는 걸 알고서 둘이 밑에서 기다리고 있는 거 아니야?'

그때 갑자기 강하고도 부드러운 손길이 이리스의 팔을 붙잡고 위로 끌어당겼다. 이리스는 주전자를 놓치지 않으려고 품에 더 꼭 끌어 안았다. 잠시 후 이리스는 발을 디디고 설 수 있을 만큼 강한 바람에 올라섰다. 이리스는 자세를 고쳐 잡고 흘러내린 머리카락을 쓸어 올렸다. 앞에서는 하늘색 두 눈동자가 걱정을 가득 담은 채 이리스를 쳐다보고 있었다.

'휴, 살았네! 설마……, 제피로스?'

"너!"

이리스는 얼른 어수선한 마음을 바로잡고서 말을 덧붙였다.

"정말 고마워!"

곧바로 이리스의 질문 공세가 이어졌다.

"어디서 나타난 거야? 내가 어디에 있는지 어떻게 알고 찾……."

"알고 찾은 건 아니야."

제피로스가 이리스의 말을 자르고 먼저 대답했다.

"그래도 널 찾아서 마음이 놓이네. 말썽이 일어나고 있어서 네가 안전한지 염려됐거든. 주위를 한번 둘러봐!"

이리스는 그제야 주위를 살펴보았다. 하늘이 몇 분 전과 달리 눈에 확 띌 정도로 어두워져 있었다. 주변 대기 전체가 탁한 회색으로 변하며 요동치는 중이었다.

'날씨가 변덕을 부리는 바람에 무지개가 흔들렸을지도 모르겠어.'

그 생각을 하자 이리스는 다시 희망이 생겼다. 한 번 더 시도하면 이동 수단으로 쓸 수 있을 만큼 튼튼한 무지개를 만들 수 있을 것 같았다.

'잠깐! 이렇게 거센 바람이 분다는 건······.'

이리스는 그제야 사태의 심각성을 깨닫고서 불쑥 물었다.

"오, 맙소사! 이게······, 티폰의 힘이야?"

제피로스가 고개를 끄덕였다.

"마침내 올림포스 학교로 오고 있나 봐. 자, 이리스 서둘러. 얼른 학교로 돌아가야 해."

이리스는 주전자를 한쪽 겨드랑이 아래에 꼭 꼈다. 그러고는 뒤꿈치의 날개에 감아둔 샌들 끈을 풀기 위해 몸을 숙였다. 조금 전에 추락했던 터라, 바로 새로운 무지개를 만들어 타고 갈 자신이 없었다.

"그럴 필요 없어."

제피로스가 이리스를 말렸다.

"내 바람이 우리 둘을 금방 데려다 줄 거야."

바람을 타고 쌩하니 날아가는 동안 이리스는 제피로스가 자신을 힐끔힐끔 쳐다보는 걸 느꼈다. 그러더니 마침내 제피로스가 말을 꺼냈다.

"아까 학교 뜰에서 네 편을 들지 않아서 미안해. 내 행동도 그렇고 전부 다 미안하게 생각하고 있어. 부디 네가 기분 상해하지 않았으면 좋겠어."

"괜찮아."

이리스는 솔직히 그 일을 입에 올리고 싶지 않았다.

"아냐. 괜찮지 않아."

제피로스가 고집스럽게 말을 이었다.

"우리 형제는 서로 간에 경쟁이 꽤 심한 편이야. 그런데 늘 주목 받는 건 보레아스 형이지. 나도 형의 방식대로 형을 꼭 한번 이겨 보고 싶었어. 그래서 일부러 으스댄 거야. 물론 풍속계는 우리가 올림포스 학교에 와 있는 진짜 이유를 감추기 위한 수단

일 뿐이지. 그래도 솔직히 풍속계 중앙에 내 모습이 새겨지길 진심으로 바랐거든."

제피로스의 속마음을 들은 이리스는 마음이 풀려서 고개를 끄덕이며 대답했다.

"어떤 마음인지 알겠어. 그러니까 내 말은, 네가 품고 있는 불만이 무엇인지, 눈에 띄고자 하는 마음이 어떤 건지 안다고. 난 언니들처럼 되고 싶지 않아. 언니들이 벌이는 말썽하고도 아무 관련 없고. 하지만 다들 그렇게 생각하지 않는 것 같아서 때론 짜증 나."

제피로스는 이리스가 자신을 이해해 주어 기쁜 눈치였다.

"그뿐만이 아니야."

이리스가 다시 말을 이었다.

"올림포스 학교에서 남들보다 두드러지기란 정말 쉽지 않거든. 난 아테나 언니처럼 머리가 좋은 편도 아니고, 아프로디테 언니처럼 인연을 잘 맺어 주는 편도 아니야. 또 아르테미스 언니처럼 용감하거나, 페르세포네 언니처럼 꽃을 잘 키운다거나, 안테이아처럼 화환을 잘 만드는 것도 아니란 말이야. 사실 난 공식적으로 어떤 일을 맡은 여신도 아니거든."

"엉? 그건 이상하다. 난 모든 여신이 각각 다른 분야를 담당

하고 있는 줄 알았거든. 난 네가 무지개의 여신일 거라 짐작했어. 넌 무지개를 만드는 데 타고났잖아."

이리스는 그 말에 기뻐서 방긋 웃었다.

"정말 그렇게 생각해?"

"응, 정말이야."

제피로스는 진지하게 대답했다.

"나도 날씨에 관해서는 나름 전문가니까 당연히 알지!"

"고마워."

그때 이리스와 제피로스가 올라타 있는 공기층이 휘청거리며 불안정해졌다. 이리스는 걱정스러운 얼굴로 제피로스를 쳐다보았다.

"티폰의 바람 때문에 대기가 불안정해지고 있어. 그래도 내 계산대로라면 아직 우리랑 거리가 한참 멀어. 내가 학교에 안전하게 데려다줄 테니까 걱정 마."

제피로스는 이리스를 다독였다. 그러고는 이리스가 티폰한테서 주의를 돌릴 수 있도록 바람을 움직여 하늘에 동물 모양을 만들어 냈다. 이리스의 기분이 한결 나아졌다. 구름으로 만든 닭들과 말이 갑자기 나타나서 두 아이 주위를 돌아다니며 땅을 쪼는 시늉을 하고, 구름 말이 뛰어다녔다. 제피로스는 마지막으로 발아래에서 휙휙 스쳐 지나가는 푸른 언덕 위에 하얀 구름 양이 점점이 노니는 모습도 만들어 냈다.

"실력이 꽤 괜찮은데에에에에에."

이리스는 일부러 양 울음소리를 흉내 내어 말하고서 제피로스와 함께 한바탕 신나게 웃었다. 웃음이 잦아들자 이리스는 저도 모르게 속내를 털어놓았다.

"너도 알고 있겠지만, 굳이 네가 허풍쟁이 형제들을 따라할 필요 없어. 네 있는 모습 그대로도 멋지니까. 그러니까 내 말은, 네가 '따뜻한' 바람이라는 걸 알고 있다는 거야. 내가 하고 싶은 말은 그저……."

제피로스가 눈을 가린 갈색 머리카락을 휙 넘기고서 이리스를 가만히 쳐다보았다. 제피로스의 얼굴에서 미소가 퍼졌다.

"네가 무슨 말 하려는 건지 알겠어. 나도 너에 대해 똑같은 생각을 하거든. 자, 인정할 건 인정하자. 우린 둘 다 멋진 녀석들이야!"

제피로스와 이리스는 다시 한번 기분 좋게 웃음을 터뜨렸다.

그 순간, 이리스의 마음속에 제피로스를 볼 때마다 뭔가 팔랑거리는 것 같았던 느낌이 다시 몰려들었다.

'제피로스의 눈길을 마주 보다 보면 나 자신이 무척 아름다운

존재라고 느껴져!'

이리스는 제피로스가 안테이아가 보낸 짝사랑 고백 편지를 봤는지 궁금했다. 아마 안테이아는 제피로스가 쉽게 발견할 만한 곳에 쪽지를 두었을 터였다.

'사실 내가 그 편지를 썼다고 털어놓을까? 안테이아와 제피로스가 사귀지 못하게 막아야 할까?'

이리스는 아랫입술을 지그시 깨물었다. 그러다 한참만에 입을 열었지만 무슨 말을 해야 할지 알 수가 없었다.

"제우스 님께서 드디어 돌아오신 모양이네."

제피로스가 멀리 아래쪽에 보이는 올림포스 학교를 살피며 말했다.

"지금 당장 티폰을 유인해 내는 건 포기하셨나 봐."

"아!"

이리스는 핑크빛 감정에 흐릿하던 정신이 번쩍 들었다. 아래를 내려다보니 제우스를 태운 페가수스가 학교 뜰에 내려서고 있고, 헤라의 공작새 전차도 바로 뒤를 따르고 있었다.

이리스와 제피로스가 뜰에 도착했을 때 제우스와 헤라는 이미 건물 안으로 들어가고 없었다. 이리스는 얼른 제피로스에게 작별 인사를 건네고 행정실로 달려갔다. 그러고는 히드라 선생님 앞을 그대로 스쳐 지나 교장실 문을 노크도 없이 휙 열고 들어가서 곧장 제우스의 책상으로 향했다. 하지만 교장실 한가운데 서류 캐비닛이 막고 있어서 하는 수 없이 옆으로 빙글 돌아가야 했다. 그때 안에서 제우스와 헤라의 목소리가 들려왔다.

"당신이 케익스한테 쓴 편지 말이오."

제우스가 말을 꺼냈다.

"뭐라고요? 그 편지에 대해서 어떻게 알고 있는 거죠? 설마 날 염탐한 거예요?"

헤라가 따져 물었다. 목소리에 걱정이 묻어났다. 물론 이리스는 이유를 알고 있었다. 케익스와 알키오네 부부 간에 부르는 애칭을 제우스가 알게 되면 오만불손하다고 벼락을 내릴 텐데, 헤라는 그런 일이 벌어지길 바라지 않았다.

"누구? 내가요? 절대 아니오!"

제우스가 대답했다.

"그라이아이가 나더러 의사소통 능력을 더 키우라고 하더군. 그러니 내 달콤한 알사탕, 뭔가 문제가 있으면 나한테 말을 해요. 그럼 내가 해결하겠소. 어쨌거나 난 신들의 제왕이자 하늘을 다스리는 자가 아니오?"

"당신만 문제를 해결할 수 있는 줄 알아요?"

헤라는 이제 살짝 짜증이 난 것 같았다.

"그냥 이번 일은 내가 해결할 수 있게 믿고 기다려요."

그러자 대번에 제우스가 탄성을 터뜨렸다.

"아하! 뭔가 문제가 있기는 있다는 거로군! 그러면……."

제우스와 헤라가 대화를 나누는 동안 이리스는 여전히 전속력으로 교장실 안을 달리고 있었다. 그러다 뭔가 끈적거리는 걸 밟고서 확 고꾸라지고 말았다. 이리스는 서류 캐비닛 옆으로 쭉 미끄러져 제우스의 책상에 쾅 부딪히고서 나서야 겨우 멈춰 섰다. 제우스와 헤라는 깜짝 놀라서 이리스를 내려다보았다.

"제가 해냈어요! 주전자를 가지고 왔어요!"

이리스는 소리를 지르며 주전자를 제우스에게 건넸다.

"아, 잘됐군."

제우스의 얼굴이 확 밝아졌다.

"딱 필요하던 참이었지."

이리스가 주전자를 어디서 찾았는지, 그리고 어떤 것이 걱정스러운지 말하려는 찰나, 제우스가 주전자 뚜껑을 열고 헤라를 향해 돌아섰다.

"헤라, 사랑하는 여보."

제우스는 활짝 웃으며 말을 이었다. 그런데 누가 봐도 억지웃

음이라는 게 티가 확 났다.

"아주 흥미로운 대화였소. 아까 하던 얘기를 조금만 더 해 볼까요? 그 전에 물 한 모금 마셔요. 당신 목이 말라 보이는구려."

그 말을 듣자 이리스는 깨달음이 팍 왔다.

'교장 선생님은 저 주전자가 거짓말 탐지기라는 걸 이미 알고 계셨어! 헤라 님한테서 케익스와 알키오네 부부에 대한 정보를 빼내려고 물을 마시게 하려는 거야! 교장선생님은 도대체 왜 그 부부한테 신경을 쓰시는 거지? 나더러 주전자를 구해 오라고 한 게 고작 이 이유 때문인가?'

이리스는 경악해서 제우스에게 물었다.

"티폰은요? 전 교장 선생님이 티폰과 싸우기 위해 이 주전자를 필요로 하시는 줄 알았어요."

"뭐?"

제우스가 인상을 쓰자 숱진 눈썹이 일자를 그렸다.

"아니, 네가 티폰에 대해서 어떻게 알고 있는 거냐?"

제우스는 화가 나기도 하고, 헷갈리기도 하고, 걱정스럽기도 한 표정을 한꺼번에 지었다.

"어제 여기 왔을 때 티폰에 대해 말씀하시는 걸 들었어요."

이리스는 이왕 이야기를 꺼낸 김에 주전자를 구하러 지하 세계에 갔다가 스틱스 여신과 가이아를 만난 이야기를 줄줄 털어놓았다. 이어서 제우스한테 주전자의 거짓말 탐지 기능에 대해 물으려는데, 제우스가 그만하라는 손짓을 했다.

"알았다, 알았어. 이제 그만 나가 보렴."

제우스가 서둘러 말했다.

"어쨌든 주전자를 구해 오다니 장하다. 나중에 또 이야기하자꾸나."

이리스는 다시 한 번 말을 꺼내 보려 했다.

"하지만 저 주전자는 위험……."

"됐어! 이제 그만 나가!"

제우스가 고함을 버럭 질렀다.

이리스는 시키는 대로 할 수밖에 없었다. 교장실을 나가는데 헤라가 묻는 소리가 들렸다.

"아니, 이게 다 무슨 일이에요?"

"아, 걱정할 것 없소. 아까 하던 이야기마저……."

'만약 교장 선생님이 생각하는 의사소통이 저런 거라면 공부 많이 하셔야겠네!'

이리스는 불퉁하니 생각했다.

행정실에서 나와 복도를 터덜터덜 걸어가는 동안, 이리스는 너무 당황스러워서 정신이 멍할 지경이었다.

'어떻게 된 거지? 교장 선생님은 주전자에 얽힌 일들에 대해 전혀 염려하지 않으시는 것 같았어. 지금은 헤라 님한테만 신경을 쓰고 있어서 티폰의 위협에도 제대로 주의를 기울이지 않으시는 것 같고 말이야. 교장 선생님이 혹시 헤라 님한테 티폰에 대해서 아예 말씀 안 하신 걸까? 헤라 님이 풀꽃처럼 연약해서 그 소식을 감당할 수 없을 거라 여기신 건가? 음, 내가 생각해도 그건 큰 실수인데.'

이리스는 고개를 절레절레 흔들었다.

'아, 어른들이란! 이럴 땐 도무지 이해할 수가 없다니까!'

어느덧 3교시가 끝나서 아이들이 모두 점심을 먹으러 식당에 모여 있었다. 이리스는 간식 코너에서 과자를 한 봉지 집어서 기숙사 방으로 갔다. 원래 들고 다니던 가방은 스틱스 강에 빠트려 버렸으니 일단 새 가방을 마련해야 했다. 이리스는 적당한 가방을 찾아내어 알록달록한 펜과 립글로스를 대충 쑤셔 넣고 다시 아래층으로 내려와서 날개 샌들을 벗었다. 문득 원래 신고 있던 샌들을 계단에 놓아둔 게 생각이 나서 이리스는 다시 밖으로 나갔다. 하늘의 상태가 나빠지지 않은 걸 보니 아직 티폰이 행동을 시작하지 않은 모양이었다.

그 순간 이리스는 퍼뜩 떠오르는 사실이 있었다.

'앗! 헤라 님한테 케익스 씨의 답장을 잃어버렸다는 말을 못 했네. 케익스 씨 부부가 더 이상 그 애칭을 쓰지 않겠다고 약속한 것도 알려야 하는데. 교장실로 돌아가서……'

"여기야!"

누군가 이리스의 주의를 끌려 하고 있었다. 뒤돌아보니 안테이아가 올리브 과수원에 서서 이리스를 부르고 있었다. 이리스는 무슨 일 때문인지 궁금해하면서 안테이아 쪽으로 갔다.

올해 초 아테나는 올리브 나무를 발명한 상으로 한 도시에 자신의 이름을 붙일 수 있는 영예를 얻었다. 그래서 '아테네'란 이름의 도시가 생기자, 아테나는 이를 기념하기 위해 학교에 올리브 과수원을 만들었다.

이리스가 과수원 안으로 들어서자마자, 안테이아가 이리스를 나무가 짙게 우거져 남의 눈길을 피할 수 있는 곳으로 데리고 갔다. 그러더니 갑자기 팔짝팔짝 뛰며 소리를 꺅 질렀다.

"제피로스가 우리 편지를 봤어!"

이리스는 가슴이 철렁했다.

'아, 진짜 일이 꼬인다, 꼬여!'

9 비밀스런 연인

"제피로스가 편지를 봤는지 네가 어떻게 알아?"

이리스가 물었다. 이리스는 부디 안테이아가 착각했기를 바랐다.

"내가 쪽지를 그 애 사물함 틈에 밀어 넣어두었거든. 조금 전에 복도를 지나가다가 제피로스가 편지를 꺼내는 걸 봤어."

안테이아가 눈을 반짝반짝 빛내며 말을 이었다.

"어떻게 됐게? 제피로스가 편지를 읽더니 씩 웃었어! 누가 썼는지 알아보고 그게 나여서 기쁜 눈치였다고! 앗싸!"

안테이아는 행복해서 어쩔 줄 모르겠다는 듯이 원을 그리며 폴짝폴짝 뛰었다. 안테이아의 오라는 기쁨이 넘칠 때 나타나는 분홍색을 띠고 있었다. 이리스의 기분과 정반대였다.

"넌 그 애랑 말 한마디 나눠 보지 않았잖아. 네가 보냈을 거라고 생각한다는 걸 어떻게 확신해?"

"그야 서로 말을 나눠 봤으니까."

안테이아가 방실방실 웃으며 대답했다.

"오늘 아침 1교시 끝나고 복도에서 대화를 나눴어."

"아……."

이리스는 마음이 무너져 내리는 것 같았다. 그래서 저도 모르게 자꾸만 캐물었다.

"네가 뭐라고 했는데?"

안테이아가 어깨를 들썩여 보이고서 대답했다.

"그냥 일상적인 얘기를 잠깐 했지 뭐. 풍속계에 새겨질 조각상에 관해 물어봤어."

"그 애는 뭐라고 했어?"

이야기를 나눌 수록 가슴이 아팠지만 이리스는 더 알고 싶은 마음에 자꾸만 질문을 던졌다.

'안테이아가 제피로스의 감정을 제대로 파악하고 있는 걸까?'

"전부 다 얘기해 줬어. 뭐, 바람을 받는 잔에 대해 설명할 때는 나도 정신을 딴 데 팔기는 했지. 그러더니 제피로스가 너랑 나랑 언제부터 단짝으로 지냈는지, 처음에 어떻게 만났는지 그런 걸 묻더라. 그건 남자애가 좋아하는 여자애에 대해 자세히 알고 싶을 때 묻는 질문이잖아. 안 그래?"

이리스는 서운한 듯이 고개를 주억거렸다.

"그렇겠지."

솔직히 이리스는 답을 알지 못했다. 이전에 짝사랑했던 두 소년 신과 그 정도 이야기를 나눌 기회도 없었기 때문이었다.

'두 번 다 안테이아 때문에 사랑의 싹을 틔워 보지도 못했어. 이번에도 마찬가지고!'

이리스는 튼튼한 올리브 나무에 툭 기대어 섰다. 이리스의 서글픈 마음처럼 은초록색 올리브 나뭇잎이 파르르 떨면서 바닥에 떨어졌다.

"그래서……. 해 줄 거지?"

잠시 후 안테이아가 조심스레 물었다.

이리스는 얼른 자세를 고쳤다. 자신이 무슨 이야기를 놓쳤는지 알 수가 없었다.

"하다니, 뭘?"

"날 위해 제피로스한테 보내는 편지를 새로 써 줄 거지?"

"이렇게 금방? 첫 번째 편지를 보낸 지 얼마나 됐다고?"

이리스는 대답하면서도 자꾸만 목이 메어 왔다.

"이리스, 난 기회를 놓치고 싶지 않아. 바람의 신 사 형제가 언제 떠날지 모르잖아. 나랑 사귀고 싶다면 올리브 과수원에서 만나자고 편지를 써 줘."

이리스는 아랫입술을 지그시 깨물었다. 이 일에 정말로 더는 끼어들고 싶지 않았다. 하지만 빠져나갈 방법을 알 수가 없었다. 이리스는 서둘러 변명거리를 찾았다.

"미안. 지금 편지지를 가지고 있지 않아서……."

"짜잔!"

안테이아가 득의양양하게 외치며 가방에서 빈 두루마리 편지지를 꺼내어 들었다.

"내 좌우명이 뭐니? 항상 준비! 이거잖아. 그새 잊은 건 아니지?"

이리스는 마지못해서 펜을 꺼내 들었다.

'애초에 편지를 써 주는 게 아니었어. 한 번 써 줬더니 계속 써 줄 의무라도 있는 것처럼 되어 버렸잖아.'

이리스는 안테이아에게 들리지 않도록 나직하게 투덜거렸다.

"이제 내 새 좌우명은 '남의 비밀 연애편지 따위 절대 써 주지 않는다'야."

안테이아가 불안한 기색을 띠며 물었다.

"이리스, 나 때문에 억지로 쓰는 거 아니지? 그치?"

이리스는 친구의 눈동자에서 희망과 설렘을 발견했다. 이리스의 가슴이 찌릿 아파 왔다.

"아니. 전혀."

이리스는 억지로 웃어 보였다. 안테이아를 실망시키고 싶지 않았다.

"자, 어디 보자……."

이리스는 빈 편지지를 빤히 내려다보다가 즉석 수수께끼를 만들어 냈다.

- 너랑 나를 포함해 여러 사람을 가리키는 일인칭 대명사는?
- 1+3+_+7+9+11=35
- 사람이나 동물 따위가 지나갈 수 있게 땅 위에 낸 일정한 너비의 공간을 뭐라고 할까? 너한테는 하늘에도 이게 있어.
- 도, _, 미, 파, 솔, 라, 시, 도!

  대답이 '좋아!'라면 오늘 방과 후 3시 30분에 올리브 과수원에서 만나.

  널 몰래 짝사랑하는 이로부터

"우리, 사, 길, 래? 아, '우리 사귈래?'구나. 근사한걸!"

안테이아가 탄성을 터뜨리며 편지를 받아들었다. 안테이아는 편지지를 돌돌 말며 말을 이었다.

"마침 잘됐어. 지금 제피로스가 형제들이랑 같이 학교 뜰에서 조각상 모델을 서고 있거든. 얼른 가서 사물함에 편지를 넣어 놓으면 될 거 같아. 그런데 내가 오늘 4교시 수업에 빨리 들어가야 하거든. 그런데 제피로스의 사물함은 내가 가려는 방향과 완전 반대편에 있고 말이야. 이리스, 내 대신 이 편지를 그 애 사물함에 넣어 주지 않을래? 그리고 편지를 넣기 전에 예쁜 장식도 그려 줄 거지?"

"잠깐만. 안테이아, 그건……."

이리스는 곧바로 반발했다. '그건 미리 얘기 된 일이 아니잖아.'라고 말하려 했지만 안테이아가 먼저 편지를 건네면서 제피로스의 사물함 번호를 말했다.

"고마워, 이리스! 넌 정말 최고의 친구야!"

안테이아는 이리스를 한 번 꼭 껴안고서 후다닥 교실을 향해 달려가 버렸다.

* * *

"오, 신이시여! 이쪽으로 오고 계셔! 우리가 숨어서 엿보고 있었다고 오해 받고 싶지 않아. 얼른 숨어야 해."

1분쯤 지났을까? 아테나의 목소리가 들렸다. 이리스는 벤치에 앉아서 안테이아가 부탁한 대로 비밀 편지를 장식하고 있었다. 곧바로 아테나, 아프로디테, 아르테미스가 정신없이 과수원 안으로 몰려들었다. 세 소녀 신은 이리스를 발견하고서 따라오라고 손짓하더니 올리브 나무가 촘촘히 자라 있는 곳에 몸을 숨겼다.

이리스도 서둘러 언니들이 있는 곳으로 갔다. 아프로디테가 과수원 입구 쪽을 살피더니 끙 신음을 뱉었다.

"이런! 저분들도 이쪽으로 오고 계셔."

"누가 오고 있는데 숨는 거예요?"

이리스가 속삭여 물었다. 그러나 대답을 들을 필요가 없었다. 다음 순간 들려온 목소리로 이리스는 곧바로 답을 알았다.

"여보, 정말 목이 안 마르단 말이오?"

제우스였다. 이리스가 나뭇가지 사이로 내다보니 제우스가 헤라와 함께 과수원으로 들어서고 있었다. 이어 제우스는 스틱스 여신의 주전자를 헤라에게 내밀었다. 아직도 헤라에게 주전자에 든 물을 마시게 하려 애쓰고 있었다!

"목 안 말라요."

헤라가 고개를 가로저으며 대답했다.

"여기 내가 가져온 암브로시아 과자 좀 먹어 봐요. 그럼 목이 마를 거요."

"아니요. 사양하겠어요."

제우스가 낸 꾀가 너무 웃겨서 이리스는 웃음이 터질 것 같았다. 그러나 아테나 일행과 마찬가지로 이리스 역시 신들의 제왕의 이야기를 엿듣다가 걸리고 싶지 않았다.

"아, 그렇지!"

제우스가 다시 말을 꺼냈다.

"함께 달리기를 합시다. 건강에 좋잖아요. 10킬로미터 정도 뛰면 될 거요. 당신이 가다가 목마를 수 있으니 내가 이 주전자를 가지고 가리다."

그러자 헤라가 주전자를 말똥말똥 쳐다보았다. 물을 마시게 하려고 제우스가 무진장 애를 쓰는 게 아무래도 수상쩍은 모양이었다.

"왜 저렇게 물을 마시게 하려고 안달하시는 거지?"

아르테미스가 속삭여 묻자, 아프로디테가 어깨를 들썩이며 거들었다.

"내 말이 그 말이야."

그러자 곁에 있던 아테나가 대답했다.

"파마가 했던 말 기억나? 두 분이 상담을 받으려 한다고 했잖아. 그거 사실이야. 그라이아이를 만나러 가셨어."

"우리 학교 상담 선생님 말이야?"

아프로디테가 눈을 휘둥그레 뜨며 나직이 되물었다.

"그 일이랑 저 주전자랑 무슨 상관이 있는 건데?"

아테나가 고개를 가로젓더니 대답했다.

"나도 모르겠어. 난 오히려 두 분이 왜 상담 선생님을 만나러 갔는지 그 이유를 알고 싶어. 어쩐지 걱정······."

아르테미스가 서둘러 말을 꺼냈다.

"식당에서 파마가 하는 말을 들었는데, 뭔가 소송 문제가 있다는 것 같더라."

"아니에요. 그건······."

이리스가 상황을 설명하려 하는데, 아프로디테가 동시에 말을 꺼냈다.

"난 무슨 요통 문제가 있다고 들었는데. 어쨌든 그게 주전자랑 무슨 상관이 있는 건지 여전히 이해가 안 돼."

"아니라니까요!"

갑갑해 죽을 지경이던 이리스가 불쑥 말을 뱉자, 아테나, 아프로디테, 아르테미스는 놀라서 이리스를 빤히 쳐다보았다.

"저 주전자는 거짓말 탐지기예요. 주전자 안에 진실을 말하게 하는 물이 들어 있단 말이에요. 내가 스틱스 여신한테서 가져왔어요."

이제 제우스와 헤라는 과수원 저편에 떨어져 있어서 더 이상 말소리가 들리지 않았다. 이리스는 둘을 눈으로 쫓으며 케윽스와 알키오네 부부의 가게에 방문한 일을 설명했다. 물론 교장실에서 나누었던 이야기는 제우스의 요구대로 비밀로 했다.

"이 모든 문제가 고작 바보 같은 애칭 때문에 생긴 거란 말이야?"

아르테미스는 어이가 없다는 듯이 눈을 굴렸다. 한편 아프로디테는 한결 마음이 놓이는 눈치였다.

"그저 실수였을 뿐이네. 교장 선생님한테 그 점만 납득시키면 될 거야."

"어머, 얘들아? 너희 우리 아빠를 모르니?"

아테나가 정색을 하며 되물었다.

"아빠는 그런 문제를 절대 가볍게 넘기지 않아. 너희도 알다시피 성격이 좀 불같은 면이 있잖아. 게다가 한 번 마음을 먹으면……."

아이들은 일제히 제우스와 헤라에게 눈길을 돌렸다. 제우스는 헤라를 쫓아서 과수원 입구로 가고 있었다. 갑자기 헤라가 빙글 돌아서더니 땅이 꺼져라 한숨을 쉬었다. 제우스의 성화에 진절머리가 난 것 같았다. 이윽고 헤라가 주전자를 잡더니 입에 가져다 댔다.

"안 돼요!"

이리스는 도저히 참지 못하고 고함을 지르며 나무 사이에서 뛰쳐나갔다. 아테나 일행도 바짝 뒤를 쫓았다.

제우스와 헤라가 휙 돌아서더니 깜짝 놀란 눈으로 아이들을 쳐다보았다.

"이비스? 티니?"

이번에도 제우스는 이리스를 엉뚱한 이름으로 불렀다. 그나마 아테나는 자신이 붙인 애칭으로 불렀지만 아르테미스와 아프로디테의 이름은 아예 부르지도 않았다.

이리스는 달려가면서 얼핏 의문이 들었다.

'설마 이름을 아예 기억 못해서 그런 거 아냐?'

"너희들 뭐 하는……."

"교장 선생님, 주전자 물을 마시면 위험해지지 않나요?"

이리스가 제우스에게 단도직입적으로 물었다.

"가이아와 스틱스 여신은 그렇게 여기는 것 같았어요. 여기 새겨진 글귀 보이시죠?"

이리스가 문제의 글귀를 가리켰다.

"무늬 때문에 잘 안 보이지만……."

제우스가 눈을 찡그려 가며 자세히 들여다보더니 주전자에 새겨진 글귀를 큰 소리로 읽었다.

"이 물을 마시고 거짓말하는 자는 누구든 깜짝 놀랄 불행을 당하리라."

제우스는 그제야 상황을 깨닫고서 하마터면 큰일 날 뻔했다는 생각에 얼굴이 하얗게 질렸다.

"깜짝 놀랄 불행이라고?"

제우스가 이리스를 쳐다보며 물었다.

"네가 아까 교장실에서 위험하다고 했던 게 이걸 뜻한 거였냐?"

이리스가 고개를 끄덕이자 곁에 있던 헤라가 기겁했다.

"그럼 저 주전자가 거짓말 탐지기란 말이야? 그것도 아주 강력한? 제우스, 당신 나한테 저걸 쓰려 했단 말이에요?"

제우스가 고개를 주억거렸다. 계획이 틀어져서 꽤 분한 눈치었다.

"하지만 저기 씌어 있는 글귀에 대해서는 전혀 몰랐소. 정말이에요! 당신한테 불행한 일이 일어날 수도 있다는 걸 알았다면 절대 쓰려고 하지 않았을 거요. 내 사랑, 날 용서해 주오."

헤라는 여전히 못 믿겠다는 듯이 한쪽 눈썹을 추켜세우고 제우스를 빤히 쳐다보았다.

이리스는 제우스가 사색이 되어 잘못을 뉘우치는 모습을 보니 기뻤다.

제우스가 자기 발만 쳐다보며 웅얼웅얼 말을 꺼냈다.

"당신이 케익스한테 편지를 썼잖소. 난 그자가 당신을 남몰래 연모한다는 소문을 들었단 말이오."

이리스는 그 말을 듣고서 곧바로 떠오르는 이름이 있었다.

'파마 언니로구나! 두 사람의 애칭에 대해 알아내고서 괜한 소문을 퍼뜨린 거야.'

헤라가 팔짱을 턱 끼더니 샌들 신은 발로 땅을 탁탁 두드렸다. 아직도 짜증이 풀리지 않은 듯했다.

"그래서 이런 일을 벌인 거예요? 불멸 쇼핑센터에 있는 잉꼬부부가 서로를 제우스와 헤라라고 불러서요?"

헤라는 곧바로 두 사람의 애칭과 그 때문에 벌어진 오해를 설명했다.

"오, 내 사랑. 미안하구려."

제우스가 멋쩍어 하며 말을 꺼냈다.

"그래도 그 일을 내게 바로 말하고, 내가 직접 해결하게 두지 그랬소? 좋은 의사소통이란 쌍방향으로 이루어지는 거잖소."

그 말을 듣고 이리스는 속으로 생각했다.

'음, 알긴 아시네요.'

"당신 말이 맞아요. 진작 말했어야 했어요. 난 당신의 분노로부터 케익스와 그의 아내를 보호하려 했던 것뿐이에요."

헤라는 이제 기분이 약간 풀린 듯했다.

"난 정말 걱정스러웠다고요. 당신이 불같은 성미 때문에 나중에…… 후회할 일을 하게 될까 봐 말이죠."

제우스가 씩 웃으며 되물었다.

"번개를 던져서 박살 내는 일 같은 거 말이오?"

그러더니 제우스는 자못 진지한 얼굴로 말을 이었다.

"앞뒤 분간 없이 화를 내서 미안해요. 솔직히 말하자면, 이리스한테 주전자를 구해 오라고 한 건 당신 때문이 아니었다오. 이걸……"

제우스는 주위에 서 있는 아이들을 둘러보더니 하려던 말

멈추었다. 대신 자신의 잘못에 대해 솔직하게 이야기했다.

"우리 이름을 애칭으로 사용한다는 소식을 들었다면, 당신 말대로 난 화를 냈을 거요. 하지만 당신이 결국 날 진정시키고, 지독한 일을 저지르지 못하게 막았을 거라고 믿소."

그 말을 듣고 이리스는 속으로 중얼거렸다.

'음, 그 지독한 일이란 좀 모자라는 어떤 상점 주인 부부를 벼락으로 박살 내 버리는 걸 말씀하시는 거죠?'

이제 제우스와 헤라는 주위 사람들이 민망해질 정도로 다정하게 서로를 바라보고 있었다. 아테나가 얼른 신호를 보내자 아이들은 모두 살금살금 과수원을 빠져나와 학교로 갔다. 학교 건물에 들어서자 마침 4교시 시작을 알리는 리라 종이 울렸다. 이리스는 얼른 아테나 일행에게 손을 흔들어 인사하고서 달리기 시작했다.

이리스가 제피로스의 사물함을 찾아냈을 때에는 복도가 거의 텅 비어 있었다. 이리스는 주위에 누가 없는지 잘 살핀 다음, 안테이아를 대신해서 쓴 편지를 꺼냈다. 그러고는 손으로 판판하게 잘 펴서 사물함에 뚫린 통풍용 구멍으로 편지를 밀어 넣었다.

'임무 완료!'

이리스는 교실로 향하다가 문득 창문 밖을 내다보았다. 하늘이 눈에 띄게 어두워져 있었다. 이리스는 다시금 티폰의 습격이 걱정되었다.

'언제쯤 공격을 시작할까? 교장 선생님과 바람의 신들이 티폰을 무찌를 수 있을까?'

바로 그때, 창밖에 제우스가 페가수스를 타고 날아가는 모습이 보였다.

'어? 교장 선생님 혼자 어디 가시는 거지? 아까 그 난리를 겪었는데 설마 케익스를 혼내 주려 불멸 쇼핑센터에 가시는 건 아니겠지? 지금 같은 때에는 학교를 지키기 위해 여기 계셔야 하는 거 아닌가?'

* * *

드디어 수업이 모두 끝났다. 이리스가 기숙사로 발걸음을 옮기는데, 안테이아가 질겁한 얼굴로 달려왔다.

"이리스, 이제 10분 있으면 3시 반이야!"

"그럼 얼른 과수원으로 가. 제피로스가 올 수도 있는데 네가 늦으면 안 되잖아."

이리스는 말을 마치자마자 얼른 뒤돌아서서 걸음을 떼려 했다. 이제부터 제피로스와 안테이아가 사귀게 될지도 모른다는

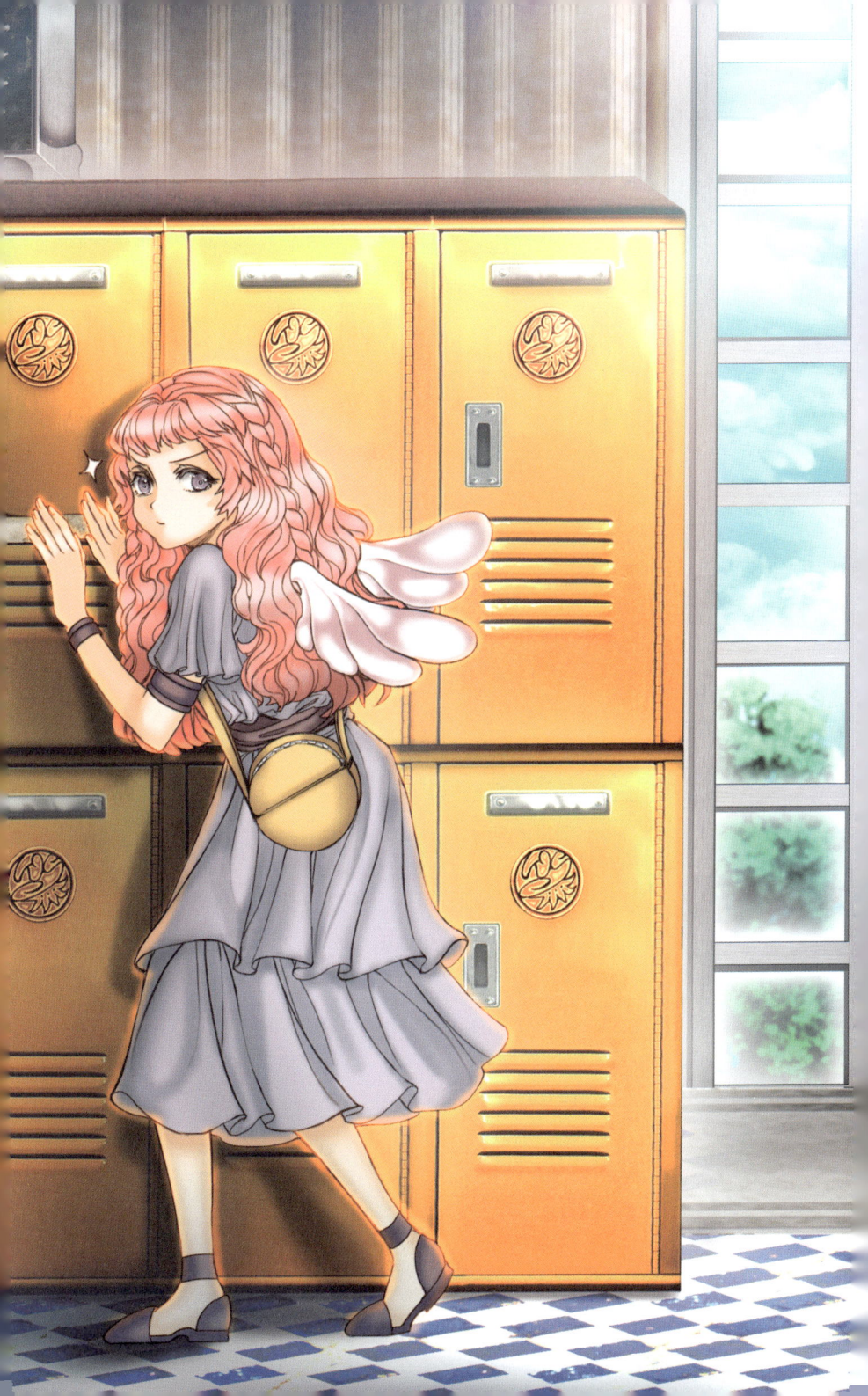

생각을 하고 싶지 않았다.

안테이아가 고개를 세차게 흔들었다. 얼굴이 새하얗게 질려 있었다. 온몸에서 우중충한 노란색 겁쟁이 오라가 뿜어져 나왔다.

"안 돼! 난 못해. 나 혼자서는 못해. 뭐라고 말해야 할지 생각이 안 나면 어떻게 해? 이리스, 나랑 같이 올리브 과수원에 가서 근처에 숨어 있다가 그때그때 적당한 말을 살짝 일러 주면 안 돼?"

"뭐? 그런 방법이 통할 거 같아?"

이리스는 단호하게 고개를 가로저었다.

"일단 시도는 해 보자. 제발, 제발, 제바아아아아아알."

안테이아가 자꾸 졸라 댔다.

"네 도움 없이 제피로스랑 이야기 나누다 보면 편지를 쓴 게 내가 아니란 걸 그 애가 알아차릴 수도 있잖아. 걱정된단 말이야. 이리스, 같이 가자, 응? 이렇게 빌게."

이리스는 안테이아가 그렇게까지 당황하는 모습을 본 적이 없었다.

"알았어. 같이 갈게."

이리스는 마지못해 고개를 끄덕였다.

'아, 내가 지금 뭘 해 주겠다고 나선 거지?'

안테이아의 뒤를 따라 건물 밖으로 나가면서 이리스는 스스로를 원망했다.

'이 일에 정말 끼어들고 싶지 않단 말이야. 눈, 곱, 만, 큼, 도!'

둘은 서둘러 과수원으로 갔다.

안테이아가 주위를 두리번거리며 말했다.

"다행이다. 제피로스는 아직 안 온 것 같아."

안테이아는 잎사귀가 무성한 나무 앞의 벤치를 골라서 자리를 잡고 앉았다.

"이리스, 나무 뒤로 가 줘."

"응?"

이리스가 되물었다.

"네가 모습을 보이면 비밀이 드러나잖아. 나무 뒤에 숨어 있다가 제피로스가 뭐라고 말하면 나한테 적당한 대답을 알려 줘. 그럼 내가 그대로 말할게."

이리스는 벤치 뒤로 터덜터덜 걸어가서 나무 뒤에 쪼그리고 앉았다.

"이리스, 거기 있지?"

몇 분 뒤 안테이아가 물었다.

"응."

이리스가 속삭여 답했다.

"그런데 안테이아, 이건 정말 좋은 생각이 아니야. 만약 들키기라도 하면 얼마나 창피……."

"쉿! 누가 온다."

안테이아는 곧바로 다정하고 애교가 철철 넘치는 목소리로 바꿔서 말했다.

"안녕, 제피로스."

"어, 안테이아? 이리스는 어디에 있어?"

이리스 생각에 제피로스는 안테이아의 등장이 놀랍고도 반갑지 않은 듯했다.

'오, 이런…….'

"이리스? 아, 글쎄. 어디에 있는지 모르겠는데."

안테이아가 거짓말을 했다. 나뭇잎 사이로 보니 안테이아는 등 뒤에서 손가락을 겹쳐 십자가 모양을 만들고 있었다. 거짓말 때문에 불운이 닥치지 않기를 바랄 때 하는 행동이었다.

"어, 난……. 그럼 네가 편지를 보냈니?"

제피로스가 물었다.

이리스가 살짝 내다보니, 제피로스는 두 손을 튜닉 호주머니에 쿡 쑤셔 넣은 채 발을 엇놀리고 있었다. 기분이 영 꺼림칙해 보였다.

"응. 음······."

제피로스와 안테이아 사이에 침묵이 내려앉았다.

'앗, 안테이아가 할 말이 떠오르지 않나 봐.'

안테이아는 뒤로 몸을 쭉 빼고 이리스한테만 보이게 손을 흔들었다.

'도와 달라는 신호야.'

이리스는 얼른 속삭였다.

"'편지에 썼던 수수께끼를 풀었다니 기뻐'라고 말해."

그 정도 말이면 대화가 다시 이어질 것 같았다. 그러자 안테이아가 환한 목소리로 이리스의 말을 되풀이했다.

"편지에 썼던 수수깡을 풀었다니 기쁘네."

곧바로 안테이아는 목을 흠흠 가다듬고서 다시 말했다.

"내 말은 수수께끼 말이야."

"응, 재미있었어."

다시 침묵이 찾아왔다.

"풍속계를 만드는 건 어떻게 되어 가는지 물어봐."

이리스가 속삭였다.

'오, 신이시여! 어째서 내가 이 대화를 끌고 가 줘야 하는 거

아?'

"저 애한테……. 음, 그러니까 풍속계는 어떻게 되어 가?"

이리스는 속으로 끙 하고 신음을 뱉었다.

'맙소사, 벌써 두 번이나 갈팡질팡했어.'

"뭐, 그럭저럭."

제피로스의 대답은 거기서 끝났다. 계속해서 다른 질문을 던져야 한다는 걸 안테이아는 전혀 눈치채지 못하는 것 같았다. 하는 수 없이 이리스가 아이디어를 냈다.

"피그말리온이 작업을 언제쯤 끝낼 예정인지 아냐고……."

"어, 지금 누가 속삭이는 소리 들리지 않았니?"

제피로스가 주위를 둘러보며 물었다. 이어 제피로스는 벤치 뒤쪽의 나뭇가지 사이를 샅샅이 훑어보았다. 이리스는 놀라서 꼼짝 못하고 있다가 몸을 최대한 동그랗게 말고서 숨을 죽였다.

"속삭이는 소리? 못 들었는데!"

안테이아는 이리스를 가리려고 옆으로 슬며시 자리를 옮겼다. 그런데 목소리에 영 자신이 없었다.

"난 분명히 들었어."

제피로스가 따지고 들었다.

"네 뒤쪽 어딘가에서 났어."

그 말과 함께 제피로스가 나무 뒤로 달려갔다. 이리스는 도망칠 자세를 취할 틈도 없었다. 제피로스는 이리스와 마주치자 놀라고 기가 막힌 것 같았다. 이리스도 마찬가지였다. 이미 들켜 버린 터라 이리스는 하는 수 없이 자리에서 일어섰다.

"이리스? 너 여기서 뭐 해? 너희들 지금 둘이서 장난치는 거니?"

제피로스가 안테이아와 이리스를 번갈아 쳐다보며 물었다. 그러자 안테이아가 어색하게 웃으며 대답했다.

"응. 우리 지금 그냥 장난치는 거야."

그러자 제피로스의 얼굴이 뻣뻣이 굳었다. 기분이 정말로 상한 듯했다.

"별로 재미없거든? 아니, 아예 재미없어."

제피로스는 그대로 뒤돌아서 과수원 밖으로 저벅저벅 걸어 나갔다.

"엥? 뭐가 잘못된 거지?"

안테이아가 놀란 눈으로 제피로스를 바라보며 중얼거렸다.

"제피로스는 지금 화가 났고, 상처 받았어!"

이리스가 버럭 소리를 질렀다.

"저 애는 우리 둘에서 자기를 놀렸다고 생각해. 모르겠어? 네

가 제피로스 입장이라면 기분이 어떨지 상상해 봐."

"오, 맙소사! 이건 재앙이나 다름없어. 제피로스는 이제 날 절대로 좋아하지 않을 거야!"

안테이아가 자리에서 벌떡 일어나 울면서 달려갔다.

이리스는 안테이아를 따라 뛰어가다가 멈춰 섰다. 오른쪽에 제피로스가 뜰을 뚜벅뚜벅 가로질러 가는 모습이 보였다. 왼쪽에는 안테이아가 학교 계단을 뛰어 올라가고 있었다. 이리스는 둘 중 누구를 따라가야 할지 망설이다가 결국 제피로스를 뒤쫓았다.

이리스가 제피로스를 따라잡자, 제피로스는 우뚝 멈춰 서서 팔짱을 턱 끼더니 차갑게 말했다.

"난 네가 편지를 보낸 줄 알았어."

"정말?"

비록 제피로스가 단단히 화나 있긴 하지만, 이리스는 순간 마음속에 기쁨이 차올랐다.

'아, 그럼 제피로스는 안테이아가 아니라 날 만나러 과수원으로 온 거구나.'

"내가 썼다는 걸 어떻게 알았어?"

제피로스는 코웃음을 쳤다.

"어려울 게 뭐 있어? 알록달록한 펜으로 글씨를 쓰고 장식도 되어 있었잖아. 난 어제 행정실 방문자 명단에 이름을 쓸 때 네 글씨를 봤어. 기억 안 나? 네가 펜도 빌려줬는걸."

"그랬지."

이리스는 햇빛 때문에 눈이 부셔서 제피로스의 얼굴을 제대로 볼 수 없었다. 잘 보일까 해서 눈을 찌푸리다가 문득 하늘을 올려다보니 조금 전보다 훨씬 시커멓게 변해 있었다.

"오, 이런!"

이리스가 겁에 질린 목소리로 중얼거리자, 제피로스도 눈길을 들었다. 저 멀리 거대한 진회색 회오리바람이 휘몰아치며 올림포스 학교 쪽으로 이동하고 있었다.

제피로스가 탄식을 터뜨렸다.

"오, 신이시여! 저건 티폰이야. 티폰이 오고 있어!"

10 괴물 티폰

제피로스는 얼른 이리스를 현관 앞 계단 쪽으로 데리고 갔다.

"들어가. 학교 안이 더 안전할 거야. 상황이 나아지면 다시 올게. 난 형제들을 찾아서 이 괴물과 싸워야 해! 무슨 수를 써서라도 제우스 님을 보호해야 하니까!"

제피로스는 곧바로 바람을 타고 하늘로 날아올랐다.

"기다려! 교장 선생님은 몇 시간 전에 페가수스를 타고 떠나셨어! 내가 봤어!"

이리스가 목청 높여 소리쳤다. 그러나 제피로스는 거친 바람 소리 때문에 이리스의 말을 듣지 못했다. 이제 거대한 회오리바람이 하늘을 가득 채우고서 올림포스 학교를 향해 곧장 다가오고 있었다. 뜰에 있던 아이들이 모두 회오리바람을 피하기 위해서 학교 건물 쪽으로 달렸다.

이리스는 서둘러 계단을 올라갔다. 하지만 다른 아이들처럼 건물 안으로 들어가지 않았다.

'무슨 일이든 해서 티폰과 싸우는 데 도움이 되어야 해. 하지만 내가 뭘 할 수 있을까?'

이리스는 머리카락을 휘날리며 주위를 두리번거렸다. 바로 그 순간 피그말리온이 완성된 조각상 위에 덮어놓았던 천이 거친 바람에 휙 날아갔다. 바람의 신 사 형제가 다루는 바람보다 훨씬 매섭고 강력했다. 곧바로 풍속계가 최고 속도로 돌아갔다. 끝에 달린 잔은 아예 보이지도 않았다!

바람 때문에 키톤 자락이 머리 위까지 휘날리자, 이리스는 옷이 펄럭이지 않도록 두 팔을 몸에 딱 붙였다. 모든 게 너무 끔찍했다! 티폰이 드디어 공격을 시작하려고 올림포스 학교 코앞까지 와 있었다. 그런데 정작 올림포스 학교는 무방비 상태나 다름없었다. 제우스가 어디 갔는지 아무도 모르고, 바람의 신 사 형제는 티폰에게 허를 찔리고 말았다.

'교장 선생님이 티폰은 그리 영리하지 않다고 하셨어. 그렇다면 혹시 이 모든 음모의 배후에 가이아가 있는 걸까? 가이아가 아들한테 한동안 아무것도 하지 말고 우리 학교 근처에 숨어 있으라고 한 걸까? 교장 선생님을 안심하게 만들어서 티폰이 불시에 우리 학교를 공격할 계획을 꾸미려고 말이야. 그렇다면 둘의 계략이 통했네! 아주 작은 사실 하나만 빼고 말이야. 가이아와 티폰은 교장 선생님이 아직 학교에 있는 줄 아나 봐. 티폰이 누구보다 없애 버리고 싶어 하는 자가 바로 교장 선생님이니까.'

이제 하늘 전체가 빙글빙글 돌고 있는 진회색 솜사탕처럼 보였다. 이리스는 사랑하는 올림포스 학교를 올려다보았다. 평소에는 하얀 대리석이 햇빛을 받아 반짝반짝 빛나는데, 지금은 어둠 속에 잠겨 칙칙해 보였다. 사방에 어둠이 내려앉고 있었다. 색깔이라면 죽고 못 사는 이리스인데, 대낮에 세상이 이렇게 음울하고 어둡게 변하는 걸 보려니 기분이 너무 참혹했다. 친구들이 걱정되는 건 말할 필요도 없었다.

잠시 후 회오리바람 괴물이 학교 뜰 끝에 내려서려 했다.

"나, 왔다!"

낮지만 힘이 넘치는 목소리가 천둥소리처럼 울려 퍼졌다. 이리스의 몸이 소리의 힘과 울림 때문에 학교 청동 문 쪽으로 확 쏠렸다.

티폰이 회전을 멈추고 땅에 완전히 내려서자, 이리스는 괴물의 모습을 더 자세히 볼 수 있었다. 키가 하도 커서 머리에 구름이 왕관처럼 걸려 있고, 온몸은 까만 깃털로 덮여 있었으며, 하반신에는 길고 가는 다리 여러 개가 꿈틀대고 있었다.

"나, 왔다!"

티폰이 가슴을 쿵쿵 치며 소리를 질렀다.

"나, 무섭다!"

티폰이 내지르는 고함 소리를 듣던 이리스는 의문이 들었다.

'엥? 교장 선생님 말처럼 그닥 똑똑해 보이지는 않는걸. 그 점을 이용할 수 있을지도 모르겠어.'

티폰이 학교 건물로 빠르게 접근하자, 어디선가 쉿쉿거리는 소리가 들렸다. 이제 보니 티폰의 다리는 모두 거대한 뱀 꼬리로 이루어져서 걸음을 뗄 때마다 똬리를 감았다가 풀기를 반복하고 있었다. 한편 티폰의 손가락 끝에는 용의 머리가 달려 있어서 불길을 확확 뿜어냈다! 회전을 멈추었는데도 티폰의 주위에는 아직도 강력한 바람이 휘몰아쳤다. 학교 뜰에 걸려 있는 횃불이 뽑혀 나가더니 거대한 바통처럼 하늘로 휙휙 날아갔다.

이제 풍속계가 너무 빨리 돌아서 이대로 산산이 부서지지 않을까 염려스러울 정도였다. 이리스도 바람에 날아가지 않도록 학교 건물 앞쪽의 기둥을 두 팔로 꽉 감싸고서 버텼다. 갑자기 현관 청동 문이 확 열리더니 아르테미스와 한 무리의 남학생들이 우르르 쏟아져 나왔다. 아르테미스를 선두로 한 아이들은 계단을 달려 내려가서 뜰에 들어섰다. 아르테미스와 아폴론은 활과 화살을, 아레스는 창을, 포세이돈은 삼지창을 들고 있었다. 상상을 뛰어넘는 티폰의 덩치 앞에서 아이들의 무기는 너무나 연약하고 쓸모없게만 보였다! 그러나 아르테미스와 아폴론은 굴하지 않고 씩씩하게 화살을 날렸다.

피웅! 피웅!

남매의 화살은 티폰의 몸에 닿자마자 이쑤시개처럼 튕겨 나갔다. 포세이돈과 아레스의 창도 별 수 없었다.

"헷, 헷, 헤!"

티폰이 아이들을 비웃었다. 아이들의 노력이 가소롭기만 한 모양이었다!

티폰이 눈과 손가락 끝에서 불길을 화르르 뿜어내며 공포심을 자극하자, 아이들은 이내 몸을 피해 뿔뿔이 흩어졌다.

이윽고 티폰이 현관 계단에 무릎을 꿇고 앉아 팔을 활짝 펼쳤다. 이리스가 서 있는 방향이었다. 이리스는 온몸이 뻣뻣이 굳은 채 최악의 순간을 기다렸다. 하지만 티폰의 강력한 일격은 날아오지 않았다.

티폰은 이리스 쪽은 쳐다보지도 않고서 올림포스 학교 건물을 향해 손을 뻗었다. 그러더니 마치 가슴팍에 감싸 안기라도 하듯 학교 건물에 두 팔을 둘렀다. 이어 티폰은 청동 문에 얼굴을 들이밀고, 손가락 끝에 달린 용의 머리로 창문 안을 하나씩 들여다보았다.
　'교장 선생님을 찾고 있는 거야!'
　자신의 친구들을 비롯한 올림포스 학교 학생들과 선생님들에 대한 걱정이 이리스를 자리에서 일어나게 했다. 이리스는 괴물을 향해 한 걸음 나섰다.
　'티폰을 막기 위해서 누군가 나서야만 해!'
　"제우스 교장 선생님은 여기 안 계셔!"
　이리스가 고함을 버럭 질렀다. 그러나 티폰은 이리스의 목소리를 전혀 듣지 못했다. 이리스가 다시 고함을 지르려는데 갑자기 티폰이 크게 울부짖으며 벌떡 일어서더니 뒤로 휙 돌아섰다. 뒤에서 제우스가 페가수스를 타고 나타난 것이었다! 제우스는 티폰의 등에 번개를 내리 꽂았다.
　파지직! 파지직!
　'만세!'
　이리스는 속으로 쾌재를 불렀다. 그러나 한편 걱정도 됐다.

'이 끔찍한 괴물한테 교장 선생님이 과연 맞수가 될까?'

"아익! 아익!"

티폰이 비명을 지르며 뒤로 쓰러지더니 계단으로 굴러 떨어졌다. 티폰은 다시 일어서려 뱀 꼬리 같은 다리를 버둥거렸다. 그 통에 뜰의 조각상이 줄줄이 무너져 내렸다. 잠시 후 다시 일어선 티폰이 반격하기 시작했다. 티폰의 다리가 똬리를 풀며 뛰쳐나가더니 엄청난 힘으로 제우스를 가격했다. 제우스와 페가수스는 빙글빙글 돌며 하늘 높이 튕겨 나갔다가 얼른 자세를 가다듬었다. 이윽고 제우스가 티폰에게 또다시 번개를 날렸다.

"아익!"

티폰이 비명을 질렀다.

바로 그때 제우스가 이리스를 발견하고서 뭐라고 고함을 질렀다. 하지만 맹렬한 바람에 말소리가 묻히고 말았다.

"뭐라고요?"

이리스는 귀에 손을 대고서 다시 소리쳐 물었다. 하지만 제우스는 이미 멀리 떨어져 있었다. 제우스와 페가수스는 달려드는 뱀 꼬리를 피하기 위해 사방으로 날아다녀야 했다. 그 사이 티폰은 서서히 제우스와의 거리를 좁히고 있었다.

'아, 교장 선생님이 일부러 티폰을 유인하고 계시구나! 학교

에서 멀리 떨어뜨리려고 말이야.'

이리스는 머릿속이 바빠졌다.

'조금 전에 나한테 뭐라고 하신 거지? 주동자? 조준자?'

다음 순간 이리스는 헉하고 숨을 들이쉬었다.

'아! 주전자로구나! 스틱스 여신의 주전자를 가져오라고 하신 거야. 확실해!'

제우스가 왜 주전자를 필요로 하는지 이리스는 이해할 수 없었다. 그래도 뭔가 할 일이, 모두를 도울 방법이 생기자 용기가 솟아올랐다.

'그런데 주전자는 어디에 있는 거지? 교장실에 있나? 부디 그래야 할 텐데.'

이리스는 청동 문을 열어젖히고서 학교 안으로 잽싸게 달려 들어갔다.

학교 안에서는 아이들이 서로의 이름을 부르며 친구가 무사한지 확인하기 위해 계단과 복도를 정신없이 뛰어다니고 있었다. 히드라 선생님, 트라이애슬론 선생님, 그 외 몇몇 선생님과 학생들은 창문에 방어벽을 치느라 바빴다. 한쪽에선 키클롭스 선생님과 야수학 담당 라돈 선생님, 그리고 아테나와 몇몇 남학생들이 탁자 하나를 둘러싸고 서 있었다. 교실에서 꺼내온 듯한 탁자 위에는 올림포스 학교의 모든 건물과 구역이 나와 있는 지도가 놓여 있었다. 티폰에 맞서 학교를 지키기 위해 전투 계획을 짜는 중인 듯했다.

이리스는 교장실을 향해 달려가다가 아프로디테와 페르세포네를 보았다. 그 둘은 울고 있는 학생을 달래고 있었다.

이어 이리스는 안테이아와 마주쳤다.

"오, 신이시여! 감사합니다. 이리스, 널 얼마나 찾아다녔는지 몰라."

안테이아의 얼굴에 근심이 가득했다.

"조금 전 창 너머로 네가 밖에 있는 걸 봤어. 내 눈을 믿을 수가 없었다니까. 지금 얼마나 위험한지 몰라서 그래?"

"내 말이 그 말이야!"

이리스는 속도를 늦추지 않고 계속 달리며 말했다. 그러자 안테이아가 이리스 옆에서 함께 달리기 시작했다.

"안테이아, 교장 선생님이 지금 막 학교에 도착해서 티폰과 싸우고 계시거든. 나한테 교장실에서 스틱스 여신의 주전자를 가져오라고 하셨어. 그걸 찾을 수 있도록 날 좀 도와줄래?"

"그럴 줄 알았어!"

파마였다. 파마가 둘의 대화를 엿듣고서 날아왔다.

"교장 선생님은 티폰을 무찌를 계획을 미리 세워 놓으셨던 거구나!"

파마는 곧바로 인상을 찌푸리며 덧붙였다.

"그런데 주전자가 무슨 도움이 되는 거지? 그걸로 괴물의 머리를 내리친다 해도 별로 효과는 없을 것 같은데?"

이리스는 달려가면서 소리쳐 대답했다.

"뭔가 다른 계획이 있으신 것 같아요!"

파마가 멈춰 서더니 날개를 팔랑이며 다른 방향으로 날아가 버렸다. 원래 학교 복도를 날아다니는 건 금지되어 있지만 지금은 어떤 선생님도 파마를 막지 않았다. 비상사태니까!

"내가 소식을 전할게!"

파마가 어깨너머로 소리쳤다.

"교장 선생님한테 계획이 있다는 걸 알면 모두 용기가 날 거야. 그 계획이 비록 변변치 않더라도 말이야. 지금은 조금이라도 안심시켜 줄 소식이 필요해."

"파마 언니, 고마워요!"

이리스와 안테이아는 한목소리로 대답하고서 교장실을 향해 계속 달렸다. 둘이 교장실에 도착하자마자, 아테나, 아프로디테, 메두사도 교장실에 들어와서 함께 주전자를 찾았다. 소문을 퍼뜨리는 파마의 능력은 지금 같은 비상사태 때 정말로 큰 도움이 됐다.

이리스는 안테이아와 메두사한테 서둘러 주전자의 생김새를 설명해 주었다. 그런 다음 모두가 수색에 나섰다.

"이 난장판 속에서 무슨 수로 그걸 찾아낸담?"

메두사가 조바심을 쳐 대니, 머리의 뱀들이 책상을 가리켰다. 그러자 아프로디테가 고개를 끄덕였다.

"좋은 생각이야!"

곧바로 메두사는 아프로디테와 함께 제우스의 책상을 뒤지기 시작했다.

"그런데 아빠가 주전자를 찾는 이유가 뭘까?"

아테나가 벽의 선반을 확인하며 숨 가쁘게 물었다.

"그러게 말이에요. 파마 언니 말대로 저런 초대형 괴물과 싸우는 데 주전자가 무슨 도움이 되는 걸까요?"

안테이아가 의자 위에 쌓여 있는 짐을 헤치며 되물었다. 안테이아는 용기를 내려 애쓰고 있었지만, 목소리가 떨려 나왔다.

"나도 모르겠어."

이리스는 교장실 안쪽 바닥에 산더미처럼 쌓인 잡동사니를 파헤치며 대답했다. 그러나 찾아낸 거라고는 샌들 한 짝과 제우스가 마시는 주스 상자뿐이었다. 잠시 후 이리스는 안테이아와 함께 서류 캐비닛을 뒤졌다. 캐비닛 서랍을 잡아 빼내어 샅샅이 확인하던 중, 안테이아가 불쑥 물었다.

"이리스, 언제부터 제피로스를 좋아한 거니?"

"뭐라고?"

이리스가 놀라서 되물었다. 둘은 다른 아이들한테 들리지 않도록 목소리를 최대한 낮추어서 이야기를 나누었다.

"아까 과수원에서 나온 뒤에 너와 제피로스가 뜰에서 이야기 나누는 모습을 봤어. 네가 그 애를 좋아한다는 걸 알겠더라. 나한테 말하지 그랬어."

이리스는 일단 아니라고 잡아떼려 했다. 그런데 그라이아이가 들려준 조언에 대해 제우스와 헤라가 나누던 말이 떠올랐다.

'흐음. 지금 내 상황에도 그 조언을 적용할 수 있지 않을까? 의사소통을 잘하는 건 어떤 관계에서든 중요하니까 말이야. 내 단짝을 상처 주지 않겠다고 거짓말하는 건 좋은 의사소통이 아니야.'

"그래, 네가 본 대로야."

이리스는 솔직하게 인정하고서 자기 입장을 설명하려 했다.

"아직 내 마음이 분명하게 정리되지 않은 상태인데 네가 제피로스를 좋아한다고 해서 물러난 거야."

이제 안테이아의 오라가 청명하고 푸른빛을 발하고 있었다.

'휴, 안테이아의 오라를 보니 내 고백 때문에 화가 나지는 않은 것 같아. 적어도 아직까지는 말이야.'

한편 안테이아는 아무 대꾸 없이 다음 캐비닛의 서랍을 열었다. 안에는 지도만 수북이 들어 있었다. 안테이아는 그 서랍을 도로 닫고서 연이어 다른 서랍을 열었다.

"같은 일이 포세이돈과 아폴론 오빠 때도 있었어."

이리스가 조심스럽게 말을 꺼냈다.

안테이아는 대번에 동작을 멈추고서 놀란 표정으로 이리스를 바라보았다.

"뭐라고? 이리스, 너 지금 농담하는 거니? 너도 그 둘을 좋아했다고? 난 전혀 몰랐어."

안테이아는 조금 전에 발견한 올림포스폴리 보드 게임에 들어 있던 번개 모양 패를 말없이 만지작거렸다. 그러다 상황이 급박하다는 생각이 퍼뜩 들었는지 패를 내려놓고서 다시 주전자를 찾기 시작했다.

잠시 침묵이 흐른 뒤 안테이아가 입을 열었다.

"어쩌면 나 때문에 그런 일이 벌어진지도 모르겠어. 실은 난 어떤 남자애가 괜찮은지 전혀 모르겠거든. 대신 난 네 의견을 믿기 때문에 네가 어떤 애를 마음에 들어 하는 것 같으면 그 애는 무조건 괜찮은 애일 거라고 생각했어."

이리스는 눈을 껌벅이며 되물었다.

"그래서 네가 먼저 찜한 거야? 내가 진짜 그 애를 좋아하는지 어쩐지 마음의 결정을 내리기 전에? 아니면 그 애가 날 좋아하기 전에?"

안테이아는 양심의 가책에 시달리는 것 같았다.

"그런 것 같아. 아니, 그랬어. 정말, 저어어엉말 미안해!"

"괜찮아. 네가 일부러······."

그 순간, 마지막 캐비닛 서랍 안쪽을 뒤지던 이리스의 손끝에 뭔가 매끄러운 것이 닿았다. 이리스는 얼른 그것을 잡아 뺐다.

스틱스 여신의 주전자였다.

"찾았다!"

이리스는 기쁨에 겨워 환호성을 질렀다. 그리고는 두 말 없이 일어나 문으로 향했다. 이리스가 주전자를 들고 현관으로 달려가자, 안테이아, 아테나, 아프로디테, 메두사도 함께 달리며 이리스의 곁을 지켜 주었다.

곧 다섯 소녀는 올림포스 학교 현관문을 열어젖히고 계단으로 달려 나갔다. 하늘 높은 곳에서 티폰과 제우스가 여전히 전투를 벌이고 있었다. 바람의 신 사 형제도 제우스를 도와 티폰과 맞서고 있었다. 그러나 제우스와 바람의 신들은 무시무시한 괴물의 힘에 밀리고 있는 듯했다.

"이런! 교장 선생님이 너무 멀리 있어서 이 주전자로 뭘 하시려는 건지 여쭤볼 수가 없어!"

이리스가 한탄하자, 안테이아가 말했다.

"우리가 알아낼 수 있을지도 몰라. 이 주전자에 대해서 우리가 알 수 있는 게 뭐가 있을까?"

메두사가 대답했다.

"일단 딱 봤을 때 낡아 보인다는 거?"

"안에 든 물을 마시면 거짓말 탐지기 역할을 한다는 점."

아프로디테가 거들었다.

"그래요?"

"그래?"

안테이아와 메두사가 동시에 되묻자, 이리스가 고개를 끄덕이며 대답했다.

"내가 직접 마셔봤는데, 난 진실만 말했거든요. 그래서 거짓말을 탐지해 내는 기능이 정말 있기는 한지 모르겠어요."

그 말에 안테이아가 깜짝 놀라자, 이리스가 얼른 덧붙였다.

"나중에 다 얘기해 줄게."

이번에는 아테나가 생각에 잠긴 채 중얼거렸다.

"이 물을 마시고 거짓말을 하면 어떤 일이 벌어지는 거지? 여기 새겨진 글귀를 보면 그에 따른 불행이 따를 거라는데……."

이리스는 헉하고 숨을 들이쉬었다. 제우스가 티폰을 가리켜 했던 말이 새삼 떠올랐기 때문이었다.

'교장 선생님은 티폰이 영리하지 않다고 하셨어.'

그제야 이리스는 제우스가 주전자를 가져오라고 한 이유를 짐작할 수 있었다.

"그래, 그거였어!"

이리스는 한쪽 팔에 주전자를 단단히 끼고서 반대 손으로 마법 공을 만들어 하늘 높이 던졌다.

디리리리링!

이리스의 손끝에서 눈부신 색깔들이 뿜어져 나오더니 티폰의 코앞을 지나 저 멀리 학교 뜰까지 포물선을 그렸다.

"우아!"

안테이아가 탄성을 터뜨렸다. 다른 여자아이들도 감탄해 마지 않았다. 지금 막 이리스가 만들어 낸 무지개는 이제까지 만

들어 낸 그 어떤 것보다 선명하고 튼튼해 보였다!

심지어 티폰마저도 무지개에 마음이 홀렸는지 행동을 멈추고 빤히 쳐다보았다.

"어? 저 괴물이 왜 저러는 거지?"

메두사가 어리둥절해하자, 안테이아가 대답했다.

"아마 이리스의 무지개에 반한 것 같아요. 저렇게 알록달록한 걸 본 적이 없을 테니까요."

그러자 아테나가 고개를 끄덕이며 말했다.

"그럴 거야. 전쟁이 끝난 뒤부터 쭉 타르타로스에 갇혀 있었을 테니까."

메두사가 그게 무슨 소리냐는 듯이 멍하게 쳐다보자 아테나가 말을 덧붙였다.

"키클롭스 선생님의 영웅학 수업."

"아."

메두사는 가끔 수업 시간에 공부보다 초록색 매니큐어 칠하는 데 더 집중했다.

이리스가 만들어 낸 무지개 색깔을 보고 기분이 좋아졌는지 티폰이 행동을 멈칫거렸다.

'저 상태가 얼마나 지속될지 알 수 없잖아.'

이리스는 겁이 나서 물러서고 싶은 마음이 들기 전에 얼른 무지개 위에 올라섰다. 이리스가 무지개를 타고서 하늘로 올라가자 나머지 여자아이들이 기겁하며 어쩔 줄 몰랐다.

"뭐 하는 거야? 돌아가!"

제피로스가 다급히 소리쳤다. 이리스가 무지개를 타고 티폰에게 향하는 걸 본 모양이었다. 제피로스는 티폰의 행동을 주시하며 이리스 쪽으로 다가오더니 이리스를 보호하려는 듯 곁을 지켰다.

거센 바람 때문에 이리스의 머리카락이 온갖 색깔로 변하며 사방으로 휘날렸다.

"아니, 난 여기 있을 거야. 너희들은 내 도움이 필요해. 그리고 티폰이 우리를 박살 내기 전에 네게 이 말을 해야겠어. 아까 과수원에서 있었던 일은 정말 미안해."

"그 얘기를 지금 해야 겠니?"

이리스는 고개를 끄덕였다. 그러고는 무지개를 타고서 위로 올라가는 데 집중하며 말을 이었다.

"우리는 널 놀린 게 아니야. 안테이아는 정말로 널 좋아해. 하지만 너한테 그 말을 어떻게 전해야 할지 몰라서 나한테 도와달라고 했어. 사실 난 안테이아 대신 그 편지를 쓰고 싶지 않았어. 나무 뒤에 숨어서 할 말을 일러 주고 싶지도 않았고. 하지만 안테이아는 내 단짝이야. 그러니…….”

"내가 과수원에 갔던 이유는 널 좋아하기 때문이야."

제피로스가 이리스의 말을 자르고 끼어들었다.

"난 그 편지가 너도 날 좋아한다는 뜻으로 받아들였어."

"좋아해!"

이리스는 불쑥 말을 뱉었다가 얼른 손으로 입을 막았다.

'아, 말하지 말걸.'

그때 이리스는 좋은 의사소통이란 어떤 것인지, 그리고 그게 얼마나 좋은지를 다시 떠올렸다.

이리스의 말에 제피로스가 고개를 휙 돌리고서 빤히 쳐다보자, 이리스는 진심을 털어놓기 잘했다는 생각이 더 확실해졌다. 제피로스가 꽤나…… 행복해 보였기 때문이었다.

하지만 지금 이리스는 할 일이 있었다. 중요한 임무를 수행해야 했다. 문제는 일단 괴물의 주의를 끌어야 한다는 점이었다.

"나중에 다시 만나."

이리스는 제피로스에게 단단히 약속하듯 말했다. 티폰이 다시 공격을 시작하는 바람에 제피로스가 형제들을 도우러 돌아가야 했기 때문이었다.

"이봐요, 티폰!"

이리스가 무지개 꼭대기에 서서 소리쳤다.

"뭐야?"

티폰이 소리를 버럭 질렀다. 이리스 쪽으로 고개를 돌리긴 했지만, 티폰의 용 손가락과 뱀 꼬리는 여전히 제우스와 바람의 신을 공격하고 있었다. 게다가 티폰의 힘이 우세해 보였다!

이리스는 괴물의 이글거리는 눈앞에 주전자를 들어 보였다.

"이 주전자 보여요? 이걸 제우스 교장 선생님한테 갖다 드려야 해요. 교장 선생님이 가장 소중하게 여기는 물건이거든요. 그러니까 이걸 갖다 드릴 수 있게 해 주세요. 부탁이에요. 이렇게 빌게요. 당신이 이걸 빼앗으면 교장 선생님은 아주 큰 상처를 받을 거예요. 엉엉 우실지도 모른다고요."

이리스는 잠시 말을 멈추고 기다렸다. 제우스가 이리스의 말을 듣고서 맞장단을 쳐 주기를 바랐기 때문이었다. 그런데 바로 그 순간, 티폰의 뱀 다리 하나가 제우스를 공격하여 하늘 저 멀리 날려 버렸다. 보레아스, 제피로스, 노토스, 에우로스는 각각 티폰의 네 다리에 칭칭 감겨서 꼼짝 못하고 있었다. 적들의 공격을 차단한 티폰은 두 개의 손가락을 써서 이리스의 품에서 주전자를 빼앗았다.

'좋았어. 그게 바로 내가 바라던 바거든.'

티폰의 거대한 손 안에 들어간 주전자는 아주 조그만 손잡이가 달린 골무처럼 보였다!

"안 돼! 어떻게 그런 짓을 할 수가 있어요? 이…… 이 나쁜 괴물!"

이리스는 울먹울먹하며 소리를 질러 댔다. 그러자 티폰은 최고의 칭찬이라도 들은 듯이 싱글싱글 웃었다.

이리스는 용기를 내어서 작전을 이어 갔다.

"제발, 제발 부탁이에요. 이렇게 싹싹 빌게요. 제발 주전자를 돌려줘요!"

이리스는 일부러 걱정이 가득한 목소리로 고함쳤다.

"안에 든 물은 제우스 교장 선생님이 정말로 아끼는 거예요. 만약 당신이 그걸 다 마셔 버리면 교장 선생님은 절망에서 헤어 나오지 못할 거예요."

"헤! 헤!"

티폰이 음흉하게 웃더니 주전자의 동그란 뚜껑을 휙 열어서 어깨너머로 던져 버렸다. 그러고는 주전자를 입에 갖다 대고서 안에 들어 있는 물을 한입에 꿀꺽 삼켰다. 물론 티폰한테는 한 방울도 안 되는 셈이었지만.

"맙소사! 물까지 다 마셔버리다니! 믿을 수가 없어!"

이리스는 바락바락 소리를 질렀다.

"오늘 아침에 스틱스 여신님을 뵈었을 때 그 분이 그러시더군요. 당신은 너무 멍청해서 스스로 생각하고 판단하지 못한다고요. 교장 선생님과 싸우게 된 것도 전부 가이아의 아이디어라면서요? 엄마의 도움이 없었다면 당신은 아직도 타르타로스에 갇혀 있을 거라던데요?"

"뭐?"

티폰이 고함을 질렀다.

"그 여자의 말은 틀렸어!"

티폰이 말을 내뱉을 때마다 번개가 번쩍였다. 시커멓게 소용돌이치는 구름 속에서 제우스가 여전히 티폰을 향해 번개를 이리저리 던지고 있었다. 하지만 티폰한테는 그저 반짝이는 이쑤시개에 불과했다. 티폰은 실로 거대한 괴물이었기 때문이다.

"정말이요?"

이리스는 일부러 깜짝 놀라는 척했다.

"그럼 스틱스 여신이 거짓말한 거네요."

이리스는 잠시 뜸을 들이다가 조심스럽게 다음 말을 골랐다.

"그렇다면……"

이리스가 드디어 입을 열었다.

"당신 혼자 힘으로 타르타로스에서 탈출했다는 거예요? 여기서 제우스 교장 선생님과 싸우는 것도 당신 생각, 그러니까 당신 혼자서 낸 생각이라는 거죠?"

이리스는 숨을 죽이고서 티폰의 대답을 기다렸다.

티폰은 바람의 신 사 형제를 옥죄고서 흔들어 대던 뱀 꼬리마저 멈추고 곰곰이 답을 생각했다.

'쩝, 만약 티폰의 오라를 볼 수 있다면, 뭐라고 대답할지 짐작할 수 있을 텐데.'

그러나 티폰은 완전히 무색의 존재였다. 오라 같은 건 아예 있지도 않았다.

"음."

이리스는 슬며시 거짓 대답을 유도하기로 했다.

"당신과 가이아는 함께 일하는 거죠?"

티폰이 뭔가 찔리는 구석이 있는 듯한 눈빛을 띠었다.

"아니다. 나 엄마하고 한패 아니다. 나 대장이다. 나 타르타로스에서 혼자 힘으로 탈출했다. 나 제우스 혼내 주는 생각 해 냈다."

이리스의 입가에 미소가 걸렸다. 티폰이 새빨간 거짓말을 했다는 걸 확신했기 때문이었다!

'이 정도면 충분할까?'

이리스는 다음 순간 무슨 일이 일어날지 지켜보았다. 그리 오래 기다릴 필요가 없었다.

"어, 나 어지럽다."

티폰이 갑자기 툴툴거리더니 제우스와 바람의 신 사 형제를 툭 떨어트리고서 용의 머리가 달린 손을 이마에 갖다 댔다. 대기가 미친 듯이 요동쳤다. 티폰이 빙글빙글 돌기 시작했기 때문이었다. 속력이 점점 빨라지더니 이내 티폰의 모습과 형체가 흐릿해졌다. 티폰이 다시 회오리바람으로 변하고 있었다!

'우아, 내가 지금 앉아 있는 무지개가 조금이라도 허술했다면 난 벌써 바람에 날아가 버렸을 거야.'

하지만 이리스의 무지개는 회오리바람을 견뎌 냈고, 이리스 역시 무지개에 단단히 발을 붙이고서 버텼다.

그 사이, 회오리바람이 점점 오그라들었다. 회오리가 점점 더 작아지더니 욕조에 물을 뺄 때 생기는 소용돌이 크기만큼 줄어들었다. 이어 회오리바람의 한쪽 끝이 바람에 붕 떠 있는 주전자 안으로 빨려 들어갔다. 잠시 후, 물이 하수구로 주르륵 빠져나갈 때 나는 소리 같은 소음이 울려 퍼지면서 작은 회색 소용돌이 티폰이 나선을 그리며 주전자 안으로 쏙 빨려 들어갔다. 이윽고 괴물의 자취가 완전히 사라져 버렸다.

'잡았다!'

대기가 잠잠해지자 주전자가 땅으로 떨어져 내렸다. 만약 땅에 부딪혀 깨진다면 티폰이 탈출할 수도 있었다!

"안 돼!"

이리스가 비명을 질렀다. 어느새 주전자는 다섯 걸음 정도 떨어진 거리까지 멀어져 있었다. 이리스는 주전자를 향해 무지개에서 주저 없이 뛰어내렸다.

다음 순간 이리스는 주전자의 손잡이를 아슬아슬하게 붙잡았다. 그러고는 반대쪽 손바닥으로 뚜껑을 덮었다.

"잡았다, 이 괴물아!"

이리스는 고함을 지르며 주전자를 품에 꽉 끌어안았다. 그런데 문제는 이리스도 떨어지고 있다는 점이었다. 두 손으로 주전자를 꽉 붙잡고 있어서 새로운 무지개를 만들 수가 없었다. 그렇다고 들고 있는 주전자를 떨어뜨려 티폰이 풀려나게 둘 수도 없었다.

'이대로 떨어지면 주전자도 나도 박살이 날 텐데 어떻게 하면 좋지?'

통!

땅바닥이 10미터도 남지 않았을 때 이리스는 부드럽고 따뜻한 공기층 위에 내려앉았다. 제피로스가 곁으로 날아오고 있었다. 제피로스가 두 볼을 동그랗게 부풀려 이리스가 방금 내려앉은 바람을 일으키고 있었다.

'제피로스가 날 구했어!'

이리스는 두 손으로 꼭 붙잡고 있던 주전자를 고갯짓하며 소리쳤다.

"뚜껑은 어디에 있어?"

"여기 있어!"

보레아스가 노토스, 에우로스와 함께 날아오며 소리쳤다.

"티폰이 던졌을 때 내가 잡았어. 자, 어서 주전자를 봉인하자."

이리스는 그런 보레아스를 보며 은근히 놀랐다.

'어머, 보레아스가 꽤 진지한 데다가 진심으로 도와주고 있어. 서릿발 허풍쟁이한테도 좋은 면이 있는 건가?'

이리스가 주전자 뚜껑을 닫고서 티폰을 어둠 속에 봉인했을 때 제우스가 페가수스를 타고 날아왔다.

"잘했다! 이제 그걸 내게 주렴."

이리스는 바람의 신 사 형제와 나란히 서서 기쁜 마음으로 주전자를 건넸다.

"교장 선생님, 티폰을 어떻게 하실 작정이세요?"

제우스가 잠시 주전자를 노려보며 티폰의 운명을 고민하더니 마침내 입을 열었다.

"이 자를 가두기에는 타로타로스도 안전하지 않은 것 같구나. 티폰이 타르타로스에 있었다는 걸 가이아가 알고 있으니 더더욱 곤란해. 그러니 절대 도망칠 수 없는 은밀한 곳으로 데리고 갈 작정이다. 놈이 아무리 으르렁거려도 아무도 알아차리지 못할 거야. 어느 화산에 가둘 텐데, 정확한 위치는 아무한테도 밝히지 않을 생각이다."

이윽고 제우스가 아무도 모르는 화산으로 떠나기 위해 페가수스를 타고 날아올랐다. 제우스는 이내 저 하늘 멀리 사라졌다. 이내 티폰의 난동으로 생긴 구름이 물러나면서 파란 하늘에 햇살이 환하게 빛났다.

11 무지개의 여신 이리스

다음 날, 올림포스 학교에 다시 평화가 찾아왔다. 이리스는 파란 하늘 포슬포슬한 구름 위로 먼동이 트는 광경을 즐겁게 바라보았다.

전 날 제우스는 티폰을 어느 외딴 곳의 화산 깊숙이 가둬 놓고서 밤늦게 학교로 다시 돌아왔다. 아침 식사가 끝나자, 제우스는 새 풍속계 제막식을 열고자 모든 학생을 뜰로 소집했다. 전 날 티폰의 공격 때문에 곳곳에 깨어진 돌무더기가 쌓여 있었다. 하지만 풍속계는 무사했고, 천이 새로 덧씌워져 있었다.

제우스는 현관 계단 중간에 설치된 단상에 서 있다가 피그말리온을 불러 짧은 소감을 물었다.

"난 역사상 가장 위대한 조각가이고, 이건 역사상 가장 멋진 풍속계예요."

피그말리온다운 퉁명스러운 연설이 이어졌다.

"풍속계가 도움이 되면 좋겠어요. 그럼 올림포스 학생 여러분, 잘 쓰세요."

피그말리온은 고개를 까딱여 인사한 후에 단상을 내려왔다.

"하여간 참 겸손하다니까."

이리스의 뒤쪽에 있던 아프로디테가 놀리는 듯이 한마디 던졌다. 예전에 아프로디테는 누가 진짜 사랑의 여신이냐는 문제를 두고 이집트 여신 이시스와 다툰 적이 있었다. 그때 피그말리온이 심판을 봤는데 소문에 따르면 꽤나 잘난 척을 한 모양이었다. 지금도 스스로를 꽤나 높이 평가하는 건 분명했다.

"자, 그럼…… 티폰의 공격에도 불구하고…… 기적이라 할 만큼 멀쩡한……."

제우스는 긴장감을 높이기 위해 일부러 더 과장된 목소리로 말하며 조각상을 덮고 있던 천을 휙 벗겼다.

"올림포스 학교의 새 풍속계를 소개하노라!"

관중 사이에서 헉하고 놀라서 숨을 들이마시는 소리와 와 하는 탄성이 동시에 터졌다. 이리스는 그간 여러 가지 사건을 겪고, 티폰의 공격을 막아 내느라 풍속계를 제대로 살펴볼 기회가 없었다.

'피그말리온이 본인 실력을 우쭐댈 만하네. 진짜 멋지다! 저걸 하루 만에 만들었단 말이지?'

풍속계의 높이는 약 3미터에, 가운데 기둥에는 동서남북을 나타내는 표시가 붙어 있고, 기둥 네 면에 바람의 신 사 형제의 모습이 실물 크기로 새겨져 있었다. 피그말리온은 사 형제가 볼을 동그랗게 부풀려서 바람을 뿜어내고 있는 것처럼 보이게 조각했고, 주위에 휘몰아치는 공기의 흐름까지 섬세하게 묘사했다. 풍속계가 작동하자, 사 형제의 모습도 함께 빙글빙글 돌았다. 네 명이 돌아가면서 풍속계의 중앙 자리를 차지하니 누가 더 중요한 역할을 하는 신인지 따질 필요도 없었다.

'피그말리온이란 사람, 정말 대단한걸!'

모두가 풍속계를 보며 우아 하고 감탄사를 연발하자, 이번에는 제우스가 바람의 신 사 형제를 단상 위로 불렀다.

"보레아스, 제피로스, 노토스, 에우로스! 티폰을 무찌를 수 있도록 도와줘서 고맙다. 여러분, 이 풍속계는 이번 전투에서 바람의 신 사 형제가 보여 준 용기, 그리고 올림포스 신의 힘과 권리를 지키기 위해 바친 헌신을 떠올리게 해 줄 것이다. 바람

의 신 사 형제, 이제 곧 너희들은 우리를 떠나겠지만, 올림포스 학교는 늘 너희의 방문을 기다리고 반길 거야."

이어서 사 형제가 각각 돌아가며 소감을 밝혔다. 그때마다 아이들은 박수와 환호성으로 답했다.

"저희 형제들은 열심히 싸웠습니다."

보레아스가 웬일로 너그러운 모습을 보였다.

"그래도 제 생각에는 제가 가장……."

"에헴!"

제우스가 헛기침을 하며 끼어들었다. 그만하면 됐다는 경고인 듯했다. 보레아스가 눈치를 챘는지 연설을 뚝 그치고 슬금슬금 형제들 옆으로 돌아갔다. 지켜보던 관중은 어떻게 반응해야 할지 몰라서 어색한 침묵 속에 잠겨 있었다. 그러자 제피로스가 주먹을 하늘로 치켜들며 외쳤다.

"허풍쟁이 사 형제, 만세!"

관중들이 푸핫 하고 웃음을 터뜨리더니 더 큰 함성을 질렀다. 바람의 신 사 형제는 서로 손뼉을 마주치며 연단을 내려왔다.

그 뒤로는 한자리에 모여 있던 관중이 흩어지기 시작했다. 많은 아이들이 바람의 신 사 형제를 축하하기 위해 주위로 몰려들었다. 하지만 제피로스는 바로 이리스 쪽으로 건너와서 이리스를 뜰 한구석으로 데리고 갔다.

"어제 하던 이야기를 끝맺지 못했잖아. 넌 안테이아가 우리 사이를 가로막게 내버려 둘 거니?"

"음, 그게……. 안테이아가 널 먼저 좋아해서 말이야. 적어도 널 좋아한다고 먼저 말했으니까. 난 내 단짝이 좋아하는 상대를 넘보지 않아."

"친구를 향한 네 우정은 높이 살게. 하지만 난 절대 안테이아를 좋아하지 않을 거야."

제피로스가 다부지게 대답했다.

"왜냐하면 난 널 좋아하니까."

이리스는 온몸에 따뜻한 느낌이 퍼지는 걸 느꼈다. 그때 제피로스가 이리스 너머에서 무언가를 봤는지 한마디를 덧붙였다.

"흐으음. 어쩌면 안테이아는 우리 사이에 전혀 문제가 되지 않겠는걸!"

이리스가 제피로스의 시선을 따라 고개를 돌려 보니 아프로디테가 안테이아와 함께 걷고 있었다. 그런데 가만히 보니 아프로디테가 안테이아를 보레아스 쪽으로 은근히 데리고 가고 있었다. 이윽고 셋은 함께 이야기를 나누기 시작했다. 얼마 후 아프로디테가 안테이아와 보레아스만을 남겨 놓고서 슬쩍 자리를 떴다. 안테이아와 보레아스는 이내 고개를 마주 대고서 신나게 수다를 떨고 웃음을 터뜨렸다.

이리스는 자신의 눈을 믿을 수가 없었다. 보레아스가 안테이아를 좋아하는 건 이리스도 짐작하고 있었고, 둘을 맺어 줘야 하는 게 아닐까 하고 고민도 했다. 보레아스가 뻐기기를 좋아하고 남을 괴롭히는 성향이 있는 게 걸렸기 때문이었다. 그러나 이제는 복잡하게 생각할 필요가 없었다.

'아프로디테 언니가 내 대신 둘을 맺어 줬어. 사랑의 여신, 만세! 만세! 만세!'

아마 아프로디테는 안테이아와 보레아스가 천생연분이라는 걸 둘보다 먼저 알아본 것 같았다. 이리스는 보레아스가 썩 마음에 들지 않았지만, 아프로디테가 맺어 주었다면 틀림없이 안테이아한테 좋은 짝일 거라고 믿었다. 그래서 안테이아의 마음이 보레아스에게 향하고 있는 걸 기쁘게 생각했다.

이어 이리스가 다시 제피로스 쪽으로 눈길을 돌렸다. 제피로스는 이리스를 빤히 쳐다보고 있었다. 이리스는 방긋 웃으며 말을 꺼냈다.

"네 말이 맞는 것 같아."

"너! 이비스!"

제우스의 갑작스러운 부름에 이리스는 화들짝 놀랐다. 소리가 난 쪽으로 돌아보니 제우스가 다시 단상에 올라가 있었다. 잔뜩 기대에 찬 헤라도 함께였다.

"이비스?"

제피로스가 싱글싱글 웃으며 제우스의 말을 따라 했다. 그러자 이리스는 어이없다는 듯 눈을 빙글빙글 굴리고서 활짝 웃었다.

"우리 신들의 제왕께선 이름 외우기에 약하시거든."

"이리 올라와라, 당장!"

제우스가 이리스에게 소리를 질렀다. 모든 아이들의 눈길이 한꺼번에 이리스한테 쏟아졌다. 이리스는 저도 모르게 어깨가 움츠러들어서 중얼거렸다.

"아, 내가 또 무슨 짓을 저지른 거지?"

"어서 가 봐!"

아테나가 이리스를 재촉했다. 어느새 아프로디테, 아르테미스, 안테이아, 페르세포네까지 곁에 와서 이리스를 계단 위로 밀어 올렸다. 이리스가 단상에 올라가자, 아이들이 무슨 일인지 궁금해서 단상 주위를 에워쌌다.

이리스가 미적미적 제우스 옆에 가서 서자, 제우스가 관중들을 향해 외쳤다.

"이번 전투에서 가장 중요한 역할을 했던 자를 치하해야 했는데 내가 깜박했다. 이 아이의 이름은……."

"이리스예요."

이리스가 얼른 자신의 이름을 일러 주자, 제우스는 천연덕스럽게 대답했다.

"당연하지. 내가 모를 줄 알았냐?"

곧바로 제우스가 관중에게 소리쳤다.

"주인공의 이름은 이리스다!"

이어 제우스는 이리스를 향해 돌아서서 모두에게 들릴 만큼 큰 소리로 말했다.

"넌 티폰을 무찌르기 위해 대단한 일을 해냈어. 네 빠른 판단력과 행동 덕분에 우리가 무사할 수 있었던 거야. 그 점에 대해 우리 모두 고맙게 여기고 있다. 그래서……."

그 순간 갑자기 풍속계가 회전하기 시작했다. 이어 바람이 세차게 불더니 관중 뒤쪽에서 쿵 하는 소리가 들렸다.

'오 맙소사! 티폰이 탈출한 걸까?'

이리스를 비롯해 뜰에 모여 있던 모두가 바짝 긴장한 채 소리가 난 쪽으로 고개를 돌렸다.

다행히 헤르메스 택배 전차가 뜰 뒤쪽에 착륙한 것뿐이었다.

휴!

모두가 안도의 한숨을 쉬었다.

헤르메스가 소포를 한 아름 안고서 뚜벅뚜벅 걸어오자, 아이들이 우르르 비켜서며 길을 터 주었다. 헤르메스는 계단 위에 짐을 와르르 내려놓고서 단상으로 저벅저벅 올라갔다.

"자네 꼴이 엉망이로군."

제우스가 말했다.

"기분도 엉망이에요."

헤르메스가 툴툴거리며 대답했다.

"너무 피곤해요. 도움이 필요합니다. 조수를 붙여 주세요. 지금 당장이요."

"그렇구만."

제우스는 붉은 턱수염을 쓰다듬으며 생각에 잠겼다. 그러자 헤라가 살포시 웃으며 이리스의 어깨에 손을 올렸다.

"여보, 헤르메스의 조수로 이리스는 어때요?"

헤라의 제안에 이리스는 얼굴이 환해졌다.

"네. 헤르메스 님, 제가 도와드릴게요."

이리스는 적극적으로 나섰다. 이거야 말로 이리스가 간절히 바라던 바였다. 이리스는 기회만 주어진다면 가치 있는 일을 하고 싶었고, 반드시 해낼 자신이 있었다.

"시간이 나실 때 제게 편지를 배달하는 방법을 알려 주시면 되잖아요."

제우스가 씩 웃었다. 이리스의 아이디어가 꽤 마음에 드는 눈치였다. 그러나 불행히도 헤르메스는 생각이 다른 것 같았다.

"학생이 내 조수를 하겠다고?"

헤르메스가 짜증을 냈다.

"게다가 네 날개는 별로 튼튼해 보이지 않는데? 장거리 배달은 견뎌 내지 못할 거야."

이리스는 헤르메스가 입을 벌리고 감탄할 만한 일을 해야 한다는 걸 깨달았다. 우물쭈물하다간 기회가 날아갈 지도 몰랐다.

"전 날개를 쓰지 않아도 돼요. 훨씬 더 근사한 방법이 있거든요. 보세요!"

이리스는 얼른 팔을 젖히고서 올림포스 학교 꼭대기를 향해 마법 공을 던졌다.

디리리링!

이리스는 무지개를 타고서 순식간에 학교 지붕에 올라갔다가 다시 단상으로 내려왔다.

"봤죠?"

이리스가 숨을 헐떡이며 말했다.

"전 무지개를 써서 인간 세상으로 내려갈 수도 있고, 머나먼 나라에까지 편지나 소포를 배달할 수 있어요."

"나쁘지 않군."

헤르메스는 이리스를 다시 본 것 같았다.

"그럼 넌 무지개의 여신이냐?"

"음, 공식적으로는 아니에요."

이리스는 제우스를 힐끗 쳐다보았다.

"왜 다들 날 쳐다보는 거지?"

제우스는 정말로 영문을 모르겠다는 얼굴을 하고 있었다. 그러자 헤라가 제우스의 옆구리를 쿡 찌르고서 뭐라고 속삭였다.

"아, 알겠소."

제우스가 관중을 향해 돌아서더니 두 팔을 활짝 폈다.

"지금 아주 좋은 생각이 떠올랐다!"

제우스가 쩌렁쩌렁 울리는 목소리로 선포했다.

"이리스의 영웅적인 행동을 기리기 위해, 오늘부로 이리스를 무지개의 여신으로 공식 임명하노라!"

"우아! 정말요? 완전 근사한데?"

파마가 군중 뒤쪽에서 환호성을 지르더니 소식을 퍼뜨리러 인간 세상을 향해 쌩 날아갔다.

"이리스가 공식적으로 무지개의 여신이 됐어요!"

제우스가 싱글벙글 웃으며 이리스를 바라보았다.

"수고했다. 넌 충분히 자격이 있어."

잠시 후 단상을 내려올 때 이리스는 하늘을 둥둥 떠다니는 기분이었다. 바람이 전혀 불지 않는데도 말이다. 뜰에 내려서자 이리스는 기다리고 있던 안테이아와 함께 신이 나서 한바탕 춤을 추었다. 아테나, 아르테미스, 아프로디테, 페르세포네가 몰려와서 둘을 우르르 둘러싸더니 다 함께 서로를 꼭 안아 주었다. 모두가 이리스를 축하해 주려는 것 같았다.

그때 제피로스가 이리스 쪽으로 다가왔다. 그러자 친구들은 이리스와 제피로스만 남겨 두고서 자리를 비켜 주었다.

"티폰을 무찔렀으니 이제 난 다시 고향으로 돌아가야 해."

"아……."

이리스가 듣기에도 자신의 목소리에 실망한 티가 팍팍 났다.

"우리 사 형제는 반드시 다시 들를 거야."

옆에 있던 보레아스가 말했다. 근처에 서 있는 안테이아를 본 순간, 보레아스의 냉소가 따뜻한 미소로 바뀌었다.

노토스와 에우로스가 다가오더니 한목소리로 외쳤다.

"그럼! 바람을 막을 자, 누가 있을쏘냐?"

제피로스는 형제들과 함께 하늘로 날아올라 이리스에게 손을 흔들며 외쳤다.

"또 보자!"

이리스도 손을 흔들어 작별 인사를 했다.

그렇게 바람의 사 형제는 각자의 방향으로 쌩하니 날아가 버렸다. 보레아스는 북쪽, 제피로스는 서쪽, 노토스는 남쪽, 에우로스는 동쪽으로 사라졌다.

"보레아스를 좋아해?"

이리스가 묻자, 안테이아는 방긋 웃으며 대답했다.

"응. 그런 거 같아. 사실 우리가 공통점이 꽤 많거든. 알고 보니 보레아스도 화관을 좋아한대."

안테이아는 잠시 멈칫하다가 덧붙였다.

"음, 화관을 불어서 꽃잎을 날리는 걸 좋아하는 거지만, 뭐 어쨌든."

이리스는 풋 하고 웃음을 터뜨렸다. 그러자 안테이아가 진지한 얼굴로 말을 꺼냈다.

"이리스, 있잖아. 네가 했던 이야기에 대해서 진지하게 생각해 봤거든. 네 짝사랑을 훔치는 거 말이야."

"어, 그래?"

이리스는 분위기가 무거워지지 않도록 가볍게 대답했다.

안테이아가 고개를 끄덕이며 말을 이었다.

"우리 약속하자. 우리 둘은 어떤 일이 있더라도 늘 친구로 남자. 그리고 이제부터 누구를 좋아하는지에 대해서도 늘 솔직하기로. 알았지?"

이리스의 얼굴에 서서히 미소가 피어올랐다.

이리스는 열심히 고개를 끄덕이며 대답했다.

"우리 우정을 위해! 그리고 우리 사이에 다시는, 절대로, 결코 남자 친구 문제가 끼어들지 않도록 하자."

"약속!"

이리스와 안테이아는 동시에 외치고서 새끼손가락을 걸어 맹세했다. 그러고서 까르르 웃음을 터뜨렸다.

이윽고 새로 임명된 무지개의 여신과 단짝인 화환의 여신은 사이좋게 계단을 올라 학교로 향했다

옮긴이의 말

　요즘 '걸크러시'라는 말이 유행이지요? 여러 경우에 쓰이지만 주로 여자가 봐도 사랑스러운 여자한테, 혹은 내가 해내지 못하는 일을 해내는 여자를 보고서 좋아하게 될 때 사용하는 것 같아요. 저한테 이리스는 그야말로 걸크러쉬였답니다. 지금까지 여신 스쿨의 주인공들은 모두 나름의 재능과 고민을 안고 있는 개성있는 아이들이었어요. 하지만 이리스처럼 어린 데도 아량이 넓으면서(하피 언니들의 뒤치다꺼리를 하고, 단짝의 짝사랑을 도와주고), 위험하거나 몸을 직접 써야 하는 일 앞에서 멈칫거리지 않는 과감함을 갖추고(혼자 지하 세계에 있는 스틱스 여신의 집에 들르고, 괴물 티폰과 맞서 싸우고), 아기자기한 귀여움(알록달록한 펜을 가지고 다니면서 글씨에 장식을 하고 그림을 더하고 말이죠)까지 겸한 아이는 처음인 것 같아요. 덕분에 이리스와 함께 액션 영화를 찍는 듯한 박진감 넘치는 이야기를 접할 수 있었지요. 여러분도 주어진 과제 앞에서 주저하지 않고, 내 마음을 아프게 하는 친구나 가족의 실수를 이해해 주고, 자신이 잘하는 일을 더욱 열심

히 연습한다면 이리스처럼 멋진 소녀가 될 수 있을 거예요.

   이리스와 제피로스의 풋풋한 사랑 이야기가 앞으로 한 번 더 등장했으면 좋겠다는 생각도 드네요. 사랑 이야기가 나와서 말인데요, 다음 이야기는 사랑의 여신 아프로디테가 사랑 문제로 골치를 썩게 되는 이야기랍니다. 재미있을 것 같죠? 그럼 다음 책에서 만나요!

옮긴이 **김경희**

지은이 조앤 호럽, 수잰 윌리엄스

조앤 호럽은 문예상을 받은 작가로, 지금까지 어린이 독자를 위해 125권이 넘는 책을 썼다. 대표작으로는 《샴푸》, 《마멋 날씨 학교》, 《개는 왜 짖을까?》, 그리고 〈인형 병원〉 시리즈 등이 있다. 책에서 새로운 아이디어 얻기를 좋아한다는 점에서 네 명의 소녀 신 중 아테나와 가장 비슷하지 않나 하고 생각한다.

수잰 윌리엄스는 어린이를 위해 30권이 넘는 책을 썼고, 문예상 수상 작가이다. 대표작으로는 《책벌레 릴》, 《엄마가 내 이름을 모른대요》, 《우리 집 강아지는 부탁할 줄을 몰라》, 〈파워 공주〉 시리즈, 〈꽃봉오리 요정〉 시리즈가 있다. 남편 분 말로는, 수잰 선생님은 귀찮은 질문(주로 왜 컴퓨터가 제대로 안 돌아가는지에 관한 질문이라고 한다)을 하는 판도라랑 비슷한 편이라고 한다. 물론 판도라는 절대로 컴퓨터를 쓸 일이 없겠지만.

옮긴이 김경희

초등학교 때 다른 아이들이 텔레비전을 보는 동안 《그리스 로마 신화》, 《일리아드》, 《오디세이아》, 《플루타르크 영웅전》을 줄줄 외울 정도로 읽고 또 읽었다. 제일 좋아하는 여신은 사냥의 신 아르테미스였는데 정작 본인은 운동에 영 소질이 없었다. 그래서 헤라클레스처럼 열두 가지 모험을 하고 올림포스 산에 가 보고 싶었지만 엄두도 낼 수 없었다. 어린이 독자를 위해 〈올림포스 여신스쿨〉 시리즈를 번역하면서 신나는 모험을 즐겼다.

14 이리스의 무지개

초판 1쇄 발행 2017년 5월 23일
초판 2쇄 발행 2022년 8월 10일

글 조앤 호럽, 수잰 윌리엄스   그림 권미선   옮김 김경희
발행인 양원석   발행처 (주)알에이치코리아(등록 2004년 1월 15일 제2-3726호)
주소 08588 서울시 금천구 가산디지털2로 53, 20층(한라시그마밸리)
편집문의 02-6443-8921   도서문의 02-6443-8800
홈페이지 www.rhk.co.kr
블로그 blog.naver.com/randomhouse1   포스트 post.naver.com/junior_rhk
인스타그램 @junior_rhk   페이스북 facebook.com/rhk.co.kr

ISBN 978-89-255-6151-6 (74840)
ISBN 978-89-255-4737-4 (세트)

※ 제조자명 (주)알에이치코리아 | 제조국명 대한민국 | 사용연령 8세 이상
※ 종이에 손이 베이거나 모서리에 다치지 않게 주의하세요.
※ 잘못 만들어진 책은 구입하신 곳에서 바꾸어 드립니다.